MW00475517

Hodgkins Public Library District
6500 Wenz Ave.
Hodgkins, Illinois 60525

Hodgkins Public Library District
6500 Wenz Ave.
Hodgkins, Illinois 60525

EDUCAR
SIN GRITAR

Título original: *Educar sense cridar*

© 2016 Alba Castellví Miquel

© de la traducción: Jordi Llavina

© de la imagen de portada: Marçal Font

© 9 Grup Editorial
Lectio Ediciones
c. Muntaner, 200, ático 8.ª
08036 Barcelona
T. 93 363 08 23
www.lectio.es
lectio@lectio.es

Primera edición: mayo de 2016
Segunda edición: noviembre de 2016
ISBN: 978-84-16012-71-8
DL T 403-2016
Impreso en Romanyà Valls, S. A.

No se permite la reproducción total o parcial de este libro, ni su incorporación a un sistema informático, ni su transmisión de ninguna manera ni por ningún medio, sea electrónico, mecánico, por fotocopia, por grabación u otros métodos, sin el permiso previo y por escrito de los titulares del *copyright*.

649.1 CAS Spanish

Alba Castellví Miquel

EDUCAR SIN GRITAR

Acompañando a los hijos de entre cuatro y doce años en el camino hacia su autonomía

Cuadrilátero
de libros

Índice

INTRODUCCIÓN

La paciencia es la madre de la ciencia

Somos muchos los padres y las madres que gritamos y que quisiéramos evitarlo. Es por esta razón que un libro titulado *Educar sin gritar* llega a casa acompañado de una gran expectativa de mejora respecto a las relaciones con los hijos... y respecto a nuestra propia tranquilidad. Porque, en el objetivo de educar sin gritar, los niños ganan tanto como nosotros. ¿Os imagináis tratar con los pequeños sin perder la compostura, sin levantar la voz, sin ponernos de los nervios? Si lo lográramos, viviríamos más tranquilos. Además, lo que resulta todavía más importante, los hijos podrían aprender de nosotros a regular su propia tensión en momentos de contrariedad, ya que, sin duda alguna, ellos aprenden de lo que hacemos y no de lo que decimos que hay que hacer. Educar sin gritar: ¿será eso posible con los quebraderos de cabeza que dan los de casa?

No solo es posible, sino que es relativamente sencillo si aprendemos a relajarnos y asimilamos el contenido de las páginas que vienen a continuación.

Relajarse es muy importante para poder utilizar debidamente las propuestas educativas. Y, al mismo tiempo, las propuestas que vais a leer enseguida os ayudarán a relajaros. A los padres, y a los hijos. Por tanto, si queremos educar sin gritar debemos dar con la manera de estar tranquilos para hacerlo bien, y, haciéndolo bien, estaremos aún más tranquilos. La tranquilidad y el éxito educativo se alimentan recíprocamente.

Empecemos por el principio.

Relajarse en un abrir y cerrar de ojos

Uno debe aprender a relajarse, y para hacerlo pueden utilizarse técnicas muy variadas. Sin embargo, como se trata de ser muy pragmáticos, de ir al grano, en definitiva, os propongo la más sencilla de todas. No requiere de ningún entrenamiento especial. Para relajarse de esta manera, solo es preciso recordar la importancia de hacerlo y echarle una pequeña dosis de voluntad.

Cuando notéis que la situación empieza a tensaros (por ejemplo, cuando los niños hacen oídos sordos a algo que les habéis mandado), id derechos a vuestro dormitorio. O al baño. Encerraos en cualquier lugar tranquilo donde tengáis por seguro que nadie va a abrir la puerta ni va a echarla abajo en los próximos dos o tres minutos. Sentaos. Tomad aire y expulsadlo lentamente, tomando plena conciencia de su paso a través de las vías respiratorias. Asimismo podéis contar los segundos que tardáis en inspirar el aire y expulsarlo, o podéis recordar un momento de tranquilidad placentera. Realizad el ejercicio dos o tres veces. Con eso bastará. A continuación, salid de vuestro *santuario* y volved a gestionar la situación con vuestros hijos.

Es fácil y rápido, ¿no os parece? El valor de realizar este pequeño ejercicio en el instante adecuado resulta incalculable. Cuando terminéis, al otro lado de la puerta las cosas seguirán siendo complejas, pero vosotros estaréis mucho más preparados para acometerlas con éxito.

Sin dejar de recordarnos de vez en cuando la importancia del pequeño ejercicio de relajación solitaria, podremos educar sin gritar poniendo en práctica las propuestas que vienen a continuación. Como son muy efectivas, a medida que las apliquéis, iréis animándoos a seguir actuando en la buena dirección; y lo que al principio requiere de voluntad y concentración, en poco tiempo vendrá solo.

Aclaraciones iniciales

Cuando hablo del padre y de la madre, me refiero a los adultos que tienen a su cargo al niño, educadores que desempeñan la función de socialización primaria de la criatura. En algunos casos, tales adultos serán otros familiares, como abuelas y abuelos que educan cuando faltan los padres (es decir, que los sustituyen en su papel durante largas temporadas, no a ratos), o dos madres, o dos padres, o incluso educadores, no familiares, que conviven con los niños. Para que sea más práctico desde un punto de vista estilístico, los incluyo a todos bajo la denominación de *padres* y *madres*.

Al hablar de la familia me refiero a todos aquellos que conviven con el niño, y no solo a los que mantienen con él una relación de parentesco. Así, una familia puede ser un grupo de gente que vive en comunidad.

Entiendo que educar consiste en actuar y en comunicar. Comunicar acerca de lo que se hace, de lo que se interpreta, de lo que sentimos. No acerca de lo que hay que hacer. Los niños aprenden mucho más del comportamiento de los padres que de lo que decimos. ¿Queréis que vuestros hijos lean? Pues que os vean disfrutar de la lectura. ¿Queréis que amen a sus abuelos? Entonces debéis mostraros atentos y cariñosos con vuestros padres. ¿Queréis que puedan prescindir de la electrónica? Que os vean disfrutar de ratos estupendos lejos de las pantallas, dedicados por entero a otros placeres. ¿Queréis que valoren el aprendizaje de idiomas? Os matriculáis en un curso de una lengua extranjera. ¿Queréis que sean agradecidos y afectuosos? Cuidad a vuestra pareja o a vuestros allegados con cariño y reconocimiento.

Importante

Este libro se dirige a padres y madres que han tenido la oportunidad de construir un vínculo con sus hijos. Ante cualquiera de las acciones educativas que se plantean en sus páginas resulta prioritario tener una relación consolidada de afecto mutuo.

EL PAPEL DE LOS PADRES: CAMINAR AL LADO DE LOS HIJOS

El papel de los padres consiste en acompañar a los hijos durante un trecho de su trayecto vital. Mientras hacemos el camino juntos, podemos proveerles de herramientas que les permitan ser personas libres; a saber, personas liberadas de la tiranía de los deseos, de la ignorancia, del miedo y del rampante individualismo. Personas responsables de sus actos que sepan convivir, hacer realidad sus proyectos vitales y cuidar de los que tienen necesidad de ello.

El trecho del camino que padres e hijos hacemos juntos tiene una duración variable. Sin embargo, en condiciones normales, no va más allá de los veinte años. Pasado ese lapso de tiempo, el camino de unos y otros diverge, aun en el caso de seguir conviviendo juntos bajo el mismo techo. La trayectoria de los hijos responde a preferencias propias que ya no son las de los padres, aunque bien es verdad que, poco o mucho, fueron condicionadas por ellos. Algunos años antes, durante la etapa *adolescente*, los hijos anunciaron la inminencia del cambio de agujas en su trayecto a fuerza de reivindicar libertad de horarios, menos control y mayor privacidad.

Cuando llega el momento de desear suerte a los hijos y el de anunciarles que, pase lo que pase, si nos necesitan allí estaremos, padres e hijos debemos estar preparados. Los padres tenemos que ser suficientemente fuertes para asumir lo que cantaba Serrat: «Nada ni nadie puede impedir que sufran / que las agujas avancen en el reloj. / Que decidan por ellos, que se equivoquen, / que crezcan y que un día nos digan adiós». Y los hijos deben estar capacitados para llevar a cabo sus objetivos, para participar constructivamente en la sociedad y para vivir con alegría sus circunstancias.

Durante el trecho del camino que hacemos a su lado, los padres les habremos enseñado cómo atarse bien los zapatos; a levantarse tras un tropiezo; a resistir el cansancio; a orientarse mediante los mapas, las pistas en la ruta y las estrellas de la noche. Este libro trata, precisamente, de cómo padres y madres podemos actuar para lograr acercarnos al máximo al objetivo de acompañar a los hijos asegurándonos que, más adelante, podrán seguir solos el camino, eligiendo sus propias rutas y con un buen equipaje.

Sembrar la confianza en los hijos

El primer elemento del buen equipaje es la confianza en uno mismo. Alguien que confía en sus capacidades está preparado para aprender y para emprender. Nuestros hijos deben encontrarse bien en su piel y deben saber encajar las críticas que se les haga. La imagen de sí mismos tiene que estar protegida contra los sentimientos de inferioridad. Pero, ¡atención! Hay que distinguir entre la confianza en uno mismo y una autoestima demasiado elevada. Si bien la baja autoestima resulta destructiva porque desazona, debemos evitar que nuestros hijos se conviertan en narcisistas egoístas.

Así pues, hay que estar siempre ojo avizor y, ante todo, educar nuestra propia mirada, puesto que el modo en que los niños se ven a sí mismos está muy condicionado por cómo perciben ellos que los padres los vemos. Sepamos ver las virtudes y potencialidades, y las imperfecciones y limitaciones. Si somos capaces de reconocer tanto unas cosas como las otras, podemos ayudarles a desarrollar un buen equilibrio emocional, porque las interacciones que mantenemos con ellos les transmiten nuestra visión. Dichas interacciones están hechas de las palabras que utilizamos cuando conversamos con ellos, de las demandas que les hacemos, de la confianza que depositamos en ellos, del modo en que hablamos de ellos con otras personas e, incluso, de nuestra manera de tocarlos y de mirarlos. Todo esto les informa continuamente sobre la idea que tenemos de su potencial y capacidades, y va conformando su autoestima.

Hay que tener claro que la autoestima no se construye con alabanzas e incondicional aceptación: la autoestima es el resultado de conseguir algo, y no al revés.[1] En la medida en que el niño supera pequeños obstáculos por sus propios medios, va sintiéndose capaz, y así, paso a paso, va confiando en sí mismo, a partir de la comprobación de su competencia. ¿Y cómo podemos hacerlo nosotros para acompañarlo debidamente en el proceso de construcción de una confianza bien cimentada?

Para lograr dicho objetivo, hay cinco puntos que resultan muy importantes:

1. Evitar a conciencia la tentación de resolverle todo aquello que pueda resolver por sí mismo.
2. Plantear al niño pequeños retos que deba superar o apoyar sus propios proyectos.
3. No evitar la frustración y los sentimientos desagradables, y elogiar las actitudes constructivas.
4. Esperar lo mejor.
5. Transmitir la aceptación, el respeto y la estima.

1. Evitemos la tentación de hacer por él todo aquello que el niño pueda hacer por sí mismo

—Ya lo hago yo.

La frase, pronunciada por un padre o una madre, implica que haremos algo en un tiempo más breve, y que saldrá mejor. Siem-

---

1. Damon, W., *Greater Expectations*, The Free Press, Nueva York, 1995.

pre es más eficiente (nos ahorra tiempo y da mejor resultado) vestir a nuestro hijo, darle la comida, hacerle la cama y un largo etcétera que esperar a que lo haga él. Si debe hacerlo solo, tardará más y saldrá peor. Pero el precio de la eficiencia lo paga nuestro hijo con un menor desarrollo de su autonomía y, a la vez, menor confianza en sus propias capacidades.

En la medida de lo posible, los padres tenemos que evitar hacer todo aquello que los niños y las niñas puedan hacer por sí mismos. Muchas familias descubren que sus hijos son capaces de abrocharse la chaqueta ellos solos, o que pueden abrigarse sin su ayuda solo cuando se dan cuenta de que lo hacen en la guardería. Hay que tener los sentidos muy abiertos para intuir las posibilidades de los niños, y, poco a poco, es necesario que reparen en que son capaces de hacer solos cosas que hasta hace poco hacíamos nosotros por ellos.

Cualquier educación comporta ir promocionando la autonomía del niño, pero hay que reconocer que a veces alargamos demasiado el tiempo en que nuestras capacidades sustituyen las suyas. Cuando esto pasa, estamos generando dos problemas:

- No dejamos que los niños desarrollen su potencial y la confianza en sus posibilidades.
- Enseñamos al niño que tiene el derecho de utilizar a los padres para hacer todo aquello que no desee hacer por su cuenta (puesto que nos comportamos de un modo servicial).

Si tenemos presente la máxima que dice «no hagamos por los niños aquello que puedan hacer por sí mismos», entonces tendremos hijos más capacitados y con mayor confianza. Y, de paso, nos ahorraremos unos pocos problemas relacionados con la colaboración doméstica durante la adolescencia.

Un buen ejemplo de una situación en que los padres deberíamos tender a ser prescindibles en aras de la autonomía del pequeño lo tenemos en el momento de la preparación de la bolsa de deporte. Procuremos que sea él quien prepare cuanto necesita. Según su edad y costumbre, podemos ayudarle en ello más o menos, pero siempre tendiendo a hacernos innecesarios. Una secuencia posible podría ser la siguiente: primero, le ayudamos. Un poco más adelante, lo acompañamos. Y, finalmente, le ofrecemos que nos pida ayuda si nos necesita.

—Guille, para los entrenos de hockey hace falta que te lleves siempre la bolsa con todo lo necesario. Para empezar podemos prepararla juntos.

Las primeras cinco o seis veces ayudamos a Guille a poner dentro de la bolsa cuanto precise, y que antes nos hemos cuidado de preparar: el equipo, las protecciones, los patines, la toalla, el neceser, la ropa limpia... Tras las primeras veces, podemos dar un paso adelante:

—Guille, yo te hago compañía mientras tú preparas la bolsa, ¿vale?

Procuraremos no indicarle qué tiene que hacer, sino que nos limitaremos a observar cómo lo hace. Si olvida algo, siempre podemos darle una pista:

—Me da en la nariz que, en cuanto salgas de la ducha, echarás en falta algo...

Al cabo de unos días de prepararse la bolsa en nuestra compañía, pero sin intervención directa por nuestra parte, Guille estará ya dispuesto a que podamos decirle:

—Me parece que ya eres capaz de prepararte tú solo la bolsa. ¡Vamos a probarlo! Por si acaso yo estaré cerca, y, si necesitas que te eche una mano en algo, me lo dices.

Poco a poco, Guille también aprenderá a poner en la lavadora el equipo sucio, a ordenar su propio neceser y los patines... Y así es como, progresivamente, evitaremos tener un muchacho de quince años que desquicie a sus padres mostrándose dependiente y descuidado.

Prepararse la mochila para ir de campamentos es otro momento ideal para promocionar y celebrar la autonomía de nuestros hijos. Las primeras veces podemos proceder como se indica a continuación:

—Flavia, aquí tenemos la lista con todo lo imprescindible para tus campamentos. ¿Empezamos a preparar la mochila? Si te parece bien, yo te voy diciendo y tú lo vas poniendo todo encima de la cama.

Flavia puede ir metiendo en la mochila todo cuanto antes dispuso encima de la cama, según el orden que nosotros le indicamos. Si contamos con un esquema dibujado y podemos seguirlo, sería perfecto que pudiéramos ir consultando todo con ella. Y cuando la mochila esté ya lista...

—Fenomenal, ¡casi puede decirse que la has hecho tú solita!

Los niños reciben con alegría y satisfacción el reconocimiento sincero a sus resultados, y dichos sentimientos son los que les impulsan a querer seguir creciendo en capacidades, en autonomía.

Por tanto: estemos muy atentos a su momento evolutivo. Fijémonos en qué son capaces de hacer y procuremos tener suficiente paciencia para esperar a que lo hagan solos, aun cuando no logren un éxito inmediato. El ritmo de vida que llevamos y las exigencias de algunas situaciones sociales impedirán que podamos actuar en todos los casos como se prescribe. Pero si tenemos presente la importancia de actuar así encontraremos muchas situaciones cotidianas que nos permitirán incrementar la autonomía, las capacidades y, por consiguiente, la autoestima de los pequeños.

2. Vamos a plantear pequeños retos o a apoyar proyectos propios

No basta con fijarnos en lo que los hijos ya son capaces de hacer solos y con evitar hacerlo nosotros. También debemos animarles a dar pasos adelante. Una de las mejores maneras de hacerlo consiste en plantearles retos y en apoyar sus propios proyectos sin ahorrarles las dificultades.

Niños y niñas tienden a proponerse proyectos de todo tipo y de muy variado tamaño, desde levantar un castillo de arena hasta programar un videojuego o construir una cabaña en el bosque.

¡Démosles alas! Los proyectos comportarán dificultades que habrá que superar. En el camino surgirán escollos no previstos que habrá que afrontar. Será preciso rectificar y, en ocasiones, volver a empezar. En cualquier caso, dichos escollos exigirán esfuerzos y constancia. Acompañar a los hijos para que cada vez sean más autónomos a la hora de sacar adelante sus propios proyectos implica tres cosas:

1. Respetar el objetivo
Para nosotros puede tener poco sentido hacer una casita en la copa de un árbol u organizar un campamento indio. Pero tiene mucha importancia prestar apoyo a proyectos autónomos que comportarán esfuerzo y dificultades. No digamos, pues:
—No veo qué sentido tiene. Más te valdría dedicarte a algo provechoso.
Sino, en todo caso:
—Caramba, ¡menudo reto!

2. Confiar que, con habilidad y esfuerzo, será posible
En vez de desanimar a los niños ante objetivos que creamos demasiado ambiciosos para sus posibilidades, es bueno confiar en ellos y transmitirles dicha confianza. Son dos cosas distintas, y ambas tienen la misma importancia. Es bueno decir, pongamos por caso:
—Lo que te propones no parece nada fácil. Será cuestión de pensar bien la manera y trabajar en ello con empeño.
Transmitamos esa idea con alegría y convicción, en vez de hacerlo con semblante y tono escépticos, propios del que piensa: «¡Eso no lo culmina ni loco!». En otras palabras: es preciso trasladar ilusión y no anunciar, de antemano, un fracaso (aun haciéndolo con la intención de evitar futuras decepciones si no consiguen su propósito).

3. Prestar una ayuda puntual cuando se nos pida
No debemos adelantarnos y pretender ayudar antes de que los niños hayan decidido que necesitan ayuda.

Y, a ser posible, cuando nos la pidan, procuremos dar pistas sobre las soluciones en lugar de dárselas mascadas. Por ejemplo, ante el problema: «No sabemos cómo atar las maderas las unas con las otras, porque lo hemos probado con juncos y se nos quiebran», resultará más educativo responder: «¿Habéis pensado en que podríais encontrar cuerda y cordel?» a decir: «En la cabaña del huerto, Juan Pedro tiene un ovillo de cordel. Pedídselo. Os lo prestará». La capacidad para saber acometer las dificultades y salir airosos de ellas funda la autoestima de las personas.

3. No evitemos la frustración y los sentimientos desagradables y elogiemos las actitudes constructivas
Niños y niñas no siempre darán con las soluciones necesarias, y deberán enfrentarse a problemas difíciles. Emprender proyectos y plantearse retos lleva aparejada la posibilidad de experimentar sentimientos desagradables, que abarcan desde el esfuerzo hasta el fracaso. Será bueno que no les evitemos dichos sentimientos, porque cualquier aprendizaje futuro puede requerir esfuerzo y el hábito de aceptar la frustración antes del resultado.[2] ¡Incluso al pelar una manzana!

Cuando surjan sentimientos desagradables ante obstáculos difíciles de superar, intentemos comprender al niño y elogiemos —valorando su empeño— su tenacidad, el esfuerzo que desempeña.

Así, en vez de decir:
—En cuanto las cosas no van como tú quisieras, ¡enseguida tiras la toalla! ¡De este modo no llegarás nada lejos!

Apuntemos, más bien:
—Al parecer, resulta más difícil de lo que habías previsto. Tan-

---

2. José Antonio Marina, *La recuperación de la autoridad*, Versátil, 2009.

to que, incluso, podrías llegar a abandonar. Me hago cargo... Por suerte, te encantaría conseguirlo y, además, te estás dedicando a ello tan intensamente...

El elogio es una buena manera de alimentar la confianza de nuestro hijo en sí mismo. Pero hay que elogiar del modo más adecuado para ayudarle a comportarse con valentía y evitar que se sienta jactancioso y vaya de sobrado. Lo que conviene elogiar es aquello que el niño hace para progresar: aprender, perseverar, enfrentarse a los obstáculos, superar la frustración. Así es como ayudaremos a fortalecer su capacidad de sobreponerse. No es tan importante que el niño consiga su objetivo como que ponga en juego los elementos necesarios para llevarlo a cabo, y es precisamente eso lo que tenemos que destacar. Poco a poco aprenderá técnicas que le permitirán vencer las dificultades. Mientras, está adquiriendo las virtudes imprescindibles del carácter para hacerlo.[3]

4. Esperemos lo mejor

Si los niños sienten que confiamos en ellos, tienden, a su vez, a confiar en sí mismos. Para promover lo mejor de cada niño hay que poner sus expectativas algo por encima de la realidad actual, ya que el chico tenderá a *ofrecer* lo que esperamos de él. Tratar a los niños como si fueran mayores de lo que son potencia su crecimiento. Veámoslo con un ejemplo:

—Juana, ¿te importaría acercarte al corral a recoger algunos huevos para guardarlos en el frigorífico? Ya sé que solo tienes cuatro años, pero me parece que puedes hacerlo.

Si bien es cierto que corremos el riesgo de que se rompa algún huevo, estamos estimulando a la niña para poner los cinco sentidos en la tarea. Sintiendo nuestra confianza, hará lo posible para hacerse digna de ella.

Un ejemplo más (este, para adolescentes):

---

3. Para saber más, vid. Martin Seligman, *La auténtica felicidad*, Vergara, Barcelona, 2003.

—Estaremos fuera todo el día, y os dejaremos solos porque os vemos capacitados para dejar la cocina limpia y la casa en orden a nuestro regreso.

5. Transmitir la aceptación, el respeto y la estima

Niños y niñas necesitan ser vistos como personas capaces, y precisan, a la vez, sentirse aceptados, respetados, valorados y queridos por nosotros para poder reconducir los errores y mejorar paso a paso. Las propuestas que hemos hecho hasta ahora integran una mirada capacitadora; esto es, cuando las ponemos en marcha, los hijos sienten que confiamos en su valía, en sus posibilidades, y van creciendo en habilidades a la vez que superan los obstáculos que les salen al paso. ¿Cómo podemos transmitirles también la aceptación de lo que son, el respeto y la estima?

Ya hemos visto que la autoestima no se construye con alabanzas y aceptación incondicional, sino que arraiga en la confianza en las propias capacidades, una confianza que nace de comprobar la propia competencia con la ayuda de nuestra mirada. Hay otras actitudes que podemos poner en práctica que contribuyen igualmente a hacer que el niño construya una buena imagen de sí mismo y a que, al mismo tiempo, pueda sentirse seguro entre nosotros —aceptado, respetado, amado—, de forma que, poco a poco, sea capaz de desarrollar actitudes tan valiosas como la asertividad y el respeto. Son las siguientes:

1. Comunicar las críticas y los elogios calificando los hechos, jamás a los niños.
2. No comparar nuestros hijos con los de otros.
3. Considerar los errores como una oportunidad para aprender.
4. Prestar atención a cómo hablamos de nuestros hijos ante otras personas.
5. Jugar juntos.
6. Hacer explícito el amor.

1. Comunicar las críticas y los elogios calificando los hechos, jamás a los niños

«¡Menuda cotorra! ¡No se calla ni debajo el agua!». «Es tímida como un caracolillo». «Es un tiquismiquis: no prueba la comida». «Es muy atenta y servicial. Siempre está al quite de las necesidades de los demás». «Es muy buen dibujante. ¡Qué pedazo de artista!». A menudo calificamos a los niños, y en ocasiones incluso añadimos una proyección: «Está tan poco dotado para las matemáticas que nunca será arquitecto»; «Tiene tanta hambre que, de mayor, deberá ponerse a dieta». Otras veces las calificaciones van acompañadas de una justificación: «Es un patoso: herencia de su padre»; «No es nada deportista. Bueno, de casta le viene al galgo». Hay que evitar esta práctica. Marcando a los niños y a las niñas con etiquetas, que son estáticas (y más todavía cuando van acompañadas de una justificación «genética»), no conseguimos sino que arraiguen ideas sobre sus propias capacidades que, más adelante, pueden limitar al niño.

Para dejar abierta la posibilidad de cambio, es preciso que no califiquemos al niño sino los hechos concretos o sus actitudes en determinados momentos. Por ejemplo, si se produce un descuido, es preferible decir «Te has olvidado la mochila» a «Eres un despistado: has vuelto a olvidarte la mochila». Ante una dificultad, en vez de sentenciar, pongamos por caso: «Las lenguas no son tu fuerte», optemos por decir: «Los verbos, en italiano, se te están resistiendo». Y acto seguido, si es posible, podemos añadir un elogio de la actitud con que se dedica a ello y un mensaje alentador: «Pero te estás esforzando de lo lindo y, si sigues así, cada vez se te resistirán menos». El objetivo es que los niños no encuentren la justificación de sus dificultades en su modo de ser: «Como soy un despistado, pues ya se sabe: se me olvida todo»; «Como no estoy dotado para los idiomas, no hace falta que me esfuerce más de la cuenta». Hay que transmitirles la idea de que no *son* de un modo determinado, sino que *actúan* de un modo determinado. Así queda mucho más abierta la posibilidad de cambiar y pueden comprender que cada cual va construyéndose en función de lo que hace. Y que lo que hoy no les sale bien puede que otro día, gracias a su esfuerzo y tenacidad, vaya viento en popa.

Más delicada resulta aún la cuestión de las etiquetas calificativas cuando se refieren a actitudes morales. Algunos padres y madres acusan a su hijo de ser *malo, egoísta* o *tramposo*. El niño que se considere a sí mismo tramposo hará, como es de prever, trampas. De modo que vale la pena actuar con mucho tino a la hora de aplicar calificativos. Esto no quiere decir, ¡faltaría más!, que no debamos fiscalizar las trampas. Significa más bien que hay que calificar la acción, no la persona. Hay que decir: «Lo que hiciste hoy no está nada bien. Deberías haber actuado de esta manera», refiriéndonos a una acción y no a una manera general de ser. Y, siempre que sea posible, aclarar cuál es la actitud correcta que debe sustituir a la incorrecta. Ahí van un par de ejemplos concretos:

En vez de decir:

—Eres un egoísta: te has zampado la pizza entera sin que te importara si a tu primo le apetecía.

Podemos decir:

—Zamparte el último trozo de pizza me ha parecido un gesto egoísta por tu parte. Deberías haber preguntado a tu primo si le apetecía.

O en lugar de:

—¡Te da igual que tu hermana se haga daño! ¿Acaso no la quieres?

Es preferible lo siguiente:

—Me parece que has hablado como si te diera lo mismo que tu hermana se hiciera daño. Harías bien en interesarte por ella.

La frase «Yo sé que tú puedes hacerlo mejor» también resulta indicada para expresar que, a pesar de las equivocaciones puntuales, hay motivos para confiar en que el niño podrá hacerlo bien en otra ocasión.

En el caso de las artes, podemos sencillamente valorar una obra sin calificarla en positivo o en negativo, indicando lo valioso: «¡Está llena de detalles!; «Es una perspectiva original»; «Da sensación de velocidad...»; «¡Qué variedad de colores!».

2. No comparar

Cada niño es único, con sus virtudes y sus defectos. Compararlo en negativo con otros («Javi se concentra mejor y trabaja más que tú») no le ayudará a creer en sus posibilidades. Compararlo en positivo («Tú eres más rápida que Mónica») tampoco resulta aconsejable, a menos que queramos impulsar a los niños a valorarse en función de los demás y acaso también a aumentarles la autoestima por encima de lo necesario. Siempre que usemos la comparación, hagámoslo respecto al estadio anterior del propio niño. Ser mejor que otro no es tan importante como mejorar respecto al punto de partida de uno mismo. Podemos decir, por ejemplo, «Cada día vas más deprisa», o bien «Poco a poco vas aprendiendo a concentrarte mejor».

3. Considerar los errores como una oportunidad para aprender

Equivocarse es inevitable en cualquier proceso de aprendizaje. Recordemos el dicho: «El que tiene boca se equivoca». Por lo tanto, los errores que cometen los niños son oportunidades para aprender a hacer las cosas de un modo más acertado, más seguro. Consideradas así las cosas, en vez de soltar, cabreados:

—¡Basta ya! ¡Has puesto tanto aceite en la aceitera que has echado a perder una gran cantidad! ¡Parece que estés en las nubes!

Más bien podríamos decir una frase del tipo:

—Hummm, es cuestión de verter el aceite más despacio en la aceitera para que no se desparrame. ¡Sería una verdadera lástima echarlo a perder! En fin, de todo se puede aprender. Bueno, ahora se trataría de limpiar el mármol con un trozo de papel que encontrarás en el cajón.

Cuando un niño se equivoca y lo lamenta, es bueno que le recordemos que de los errores se aprende, puesto que permiten observar mejor los fenómenos y, prestándoles la debida atención, poder hacer las cosas con mayor acierto. De los errores matemáticos a los que tienen que ver con el trato humano, equivocarse es un paso para mejorar más adelante.

4. Prestar atención a cómo hablamos de nuestros hijos ante otras personas

Lo que los niños oyen que decimos acerca de ellos al hablar con otras personas conforma también su propia idea sobre sí mismos y tiene mucho que ver con nuestro respeto hacia ellos. A veces no somos lo suficientemente cuidadosos respecto a esta cuestión, y hablamos con otros adultos a propósito de nuestros hijos cuando ellos están por ahí cerca. Al no reparar en que pueden oírnos, o al pensar que no están pendientes de nuestra conversación, somos capaces de decir cosas tales como:

—No hay manera de que Sara toque el piano cuando se lo digo. ¡Menuda cabezota está hecha! Cuando se le mete en la cabeza que no quiere hacer algo, no hay quien haga cambiarle de opinión. ¡Yo ya no sé qué hacer con esa cría! ¡Si es que lo he probado todo!

Sin apenas darnos cuenta, es muy probable que la niña capte algo de la conversación (en realidad, niños y niñas están con la oreja puesta mucho más de lo que nos parece). Un comentario como ese, hecho cerca de Sara, va a reforzar su cabezonería. Como decíamos hace un momento, si el padre o la madre le ponen la etiqueta de *cabezota*, a ella le parecerá de lo más natural comportarse de un modo terco.

Pero, más allá de la incidencia en la autoimagen, hablar de según que temas acerca de los hijos con otras personas cuando ellos revolotean a nuestro alrededor y pueden pillarlo todo —ya sea negativo o positivo— puede ser vivido como una falta de respeto. Imaginaos que vuestro padre, hablando de vosotros mismos ante vuestras narices, soltara: «Yo ya le digo que tiene que salir para distraerse, pero no hay tu tía: no me hace el menor caso. Toda la vida ha sido un testarudo. ¡No tengo ni idea de cómo apañármelas para hacerle entender lo que no quiere entender!». O ¿cómo se os quedaría el cuerpo si vuestra madre se pusiera, de pronto, a hablar de vosotros de esta guisa: «La chica se ha puesto a dieta. El médico le dijo que debía controlarse el colesterol. No sé si va a lograrlo: ¡está tan acostumbrada a comer en restaurantes!». Los niños, aun siendo personas pequeñas, también aspiran a ser tratados con respeto y consideración hacia su persona. Hablar de ellos ante un tercero como si no estuvieran ahí, ignorándolos, no es una buena manera de sostener dicho respeto.

5. Jugar juntos

Pasar ratos felices con nuestros hijos es una de las razones por las que decidimos ser padres, aunque también resulta una de las maneras más hermosas de aprovechar la vida. Además, es una de las mejores fórmulas para generar vínculos fuertes y recuerdos positivos e imborrables que nos acompañarán, a padres e hijos, toda la vida.

Jugar nos exige tiempo. Y es que, si bien es importante la calidad del tiempo que dedicamos a los niños —como suele decirse a menudo—, no es menos cierto que para que ese tiempo sea verdaderamente valioso hace falta que tenga una duración consistente. Cinco minutos de máxima atención, qué os voy a decir, son una pequeña anécdota en un día repleto de horas. Es aconsejable que reservemos conscientemente por lo menos media hora diaria para ser felices juntos, padres e hijos. Media hora de juego disparatado o bajo control, qué más da, pero de intensa concentración en algo que haga que estemos contentos de estar juntos.

Fijémonos en lo siguiente: pasamos mucho tiempo con y para nuestros hijos. A saber: estando a su cuidado, preparándoles las comidas, ayudándoles a aprender, llevándolos de aquí para allá, comiendo juntos... Durante todos esos lapsos de tiempo que compartimos, nuestro papel y el de ellos resulta bastante asimétrico: los padres decidimos cómo hay que hacer las cosas, asumimos más responsabilidad que ellos, decimos lo que hay que hacer, suplimos sus necesidades... Por el contrario, jugar implica no dirigir, sino divertirse y compartir un objetivo. Cuando jugamos, lo hacemos en un plano de igualdad con los hijos: no somos los que damos las órdenes o vigilamos, sino que adoptamos el papel de contrincantes o colaboradores al mismo nivel, estamos sometidos al mismo reglamento externo (las normas del juego) e inmersos en una idéntica situación, ya sea de juego simbólico, colaborativo o competitivo. Todo esto nos une y convierte a los padres en personas que *no siempre* deciden, mandan o hacen cosas para los demás.

6. Hacer explícito el amor
Digamos a los hijos que los queremos, que estamos felices de estar con ellos, que nos lo pasamos en grande juntos y que tenemos la inmensa suerte de tenerlos cerca. A veces, damos el amor por descontado. Y es bueno que se haga presente en gestos inequívocos y en palabras precisas. El afecto que compartimos hay que poder disfrutarlo y celebrarlo.

EDUCAR PARA LA LIBERTAD, EDUCAR LA RESPONSABILIDAD

No nacemos libres: nacemos dependientes. La libertad es la capacidad de llevar a cabo los propios proyectos, y se gana a medida que conseguimos ser capaces de hacer por nosotros mismos lo que decidimos. De modo que la libertad va creciendo según adquirimos capacidades de todo tipo y disponemos de mayor autocontrol. Una persona que no es capaz de dirigir su propia conducta, que no tiene manera de controlarse, no es libre, puesto que está sometida a la tiranía de sus impulsos, incapaz de dominar su propia voluntad.

Educar para la libertad es ayudar a nuestros hijos a convertirse en personas capaces de realizar sus propios proyectos, y para hacerlo posible resulta imprescindible la voluntad, ya que todo proyecto implica momentos de esfuerzo, frustraciones y constancia. Educar para la libertad es, por tanto, ayudar a construir la voluntad. Y es que la voluntad no es innata (solo lo es el deseo), sino que es el conjunto de cuatro habilidades que hay que aprender: 1) inhibir el impulso; 2) deliberar; 3) tomar decisiones; y 4) soportar el esfuerzo.[4]

Un niño que siempre ceda al impulso de sus deseos inmediatos será un niño impulsivo, alguien incapaz de darse a sí mismo órdenes y de respetarlas. Si queremos ayudarle a ser libre, dueño de su voluntad, debemos acompañarle en el aprendizaje de controlar

---

4. José Antonio Marina, *op. cit.*, p.89.

sus impulsos. Inicialmente necesitará las órdenes de sus padres para aprender, porque el autocontrol implica un lenguaje interior que solo puede aprenderse gracias a la voz de los educadores. Poco a poco podrá ser más autónomo (podrá autogobernarse).[5]

La autorregulación requiere saber frenar, reflexionar y valorar las consecuencias de lo que uno hace. Todas estas capacidades se adquieren progresivamente con la ayuda de la educación y de la experiencia. Es preciso que nuestro hijo goce de oportunidades para aprender a contenerse, a pensar, a orientar bien sus decisiones. Para proporcionarle dichas oportunidades, resultarán muy importantes tres cosas:

- Que los padres tengamos claro que asociar la libertad a la satisfacción de cualquier deseo es un error.
- Que el niño tenga abiertas varias posibilidades —en lugar de ofrecerle siempre nuestros criterios.
- Que cuando el niño decida, asuma las consecuencias de lo que decida.

Para educar la precisión y la flexibilidad de un niño que quiere convertirse en un gimnasta hemos de darle oportunidades para que se ejercite con constancia desde las primeras edades. Pasa lo mismo cuando se trata de educar la responsabilidad de un chico que tiene que convertirse en un ciudadano libre y responsable de sus actos: también hay que darle oportunidades para que se ejercite desde muy temprano. Si al futuro gimnasta habrá que ofrecerle medios y tiempo para el trabajo con su cuerpo, al futuro ciudadano libre deberemos ofrecerle oportunidades para reflexionar, valorar y administrar sus actos.

Nuestro propósito consiste en ayudar a nuestro hijo a desarrollar la capacidad de pensar bien, a actuar de un modo inteligente, a tener en cuenta las consecuencias de lo que hace y lo que deja de hacer, a poder responder ante actos decididos a conciencia.

---

5. José Antonio Marina, *op. cit.*, p. 92.

¿Cómo podemos lograrlo? Partamos, para explicarlo, de algunos ejemplos negativos. Veamos situaciones que contribuirán a formar a una persona irresponsable. Imaginad que nos acabamos de convertir en la familia adoptiva de un perro muy deseado por nuestro hijo. Antes de llevarlo a casa, hemos ayudado al niño a reflexionar acerca de las necesidades del animal y hemos debatido con él sobre cuál deberá ser su papel en caso de tener un perro. Pongamos que el niño se haya comprometido a darle la comida, por ejemplo. Supongamos que, al cabo de un tiempo de tener al perro en casa, nuestro hijo no mantiene su compromiso de alimentarlo. Si, llegados a esa situación, como padres que somos, nosotros nos hacemos cargo de dar la comida al perro, estamos evitando que el niño tenga la oportunidad de vivir las consecuencias de no cumplir su compromiso. Por consiguiente, estamos fomentando su irresponsabilidad.

Otro ejemplo en el mismo sentido: nuestra hija no viene a sentarse a la mesa por mucho que le digamos que la comida se enfría. Cuando se sienta, a las tantas, para comer, el padre le calienta el plato en el microondas.

Todavía otro caso aún más contrario a la educación en la responsabilidad: el hijo menor no cuida suficientemente su nuevo juguete. Su madre le advierte de que «si no andas con cuidado, se te romperá y te quedarás sin él». Al poco, se cumple la previsión y el juguete se rompe. Al día siguiente, para rebajar el disgusto, volvemos a la tienda para comprar otro igual.

Dejarles que elijan y asuman las consecuencias de su elección

Hacer lo contrario ante cualquiera de los tres casos expuestos anteriormente es dejar que los niños se hagan cargo de las consecuencias de sus actos. Así, por ejemplo, en el caso del chico que no cumple su compromiso de darle la comida al perro, una actitud educativa por parte de los padres podría ser empezar a buscar otra familia adoptiva para el animal, ya que, en la nuestra, la persona encargada de la alimentación del perro no lo hace. En el segundo caso, si debemos advertir a nuestra hija que, en caso de no sentarse a la mesa enseguida, se le va a enfriar la comida, lo mejor que podemos hacer es dejar que esta, en efecto, se enfríe. Y, finalmente, si se rompe un juguete a causa de un mal uso tras haber advertido que hay que andar con cuidado puesto que, de otro modo, el niño se quedará sin él, jamás debemos sustituir el juguete estropeado por uno nuevo, sea cual sea la magnitud del cabreo de la criatura.[6]

Sin embargo, educar consiste en acompañar, y si queremos hacerlo de un modo verdaderamente útil para la educación de la virtud de la responsabilidad, haremos bien en estar atentos a nuestros hijos en el momento en que tengan que pensar en qué decisiones tomar, ayudándoles a evaluar las posibles consecuencias de ello.

Por tanto, les indicaremos cuál es la situación y lo que, en nuestra opinión, habría que hacer. Les plantearemos la posibilidad de escoger entre aquello y la actitud contraria, anunciando que esta actitud lleva aparejada una consecuencia que vale la pena considerar. Volviendo al primero de los ejemplos, podríamos proceder de la siguiente manera; en primer lugar, describimos la situación:

—Marcos, hoy el perro no ha probado bocado. Dijiste que te ocuparías de darle la comida. Así que es tu trabajo.

Y, a continuación, planteemos las opciones y las consecuencias que se derivan de ellas, dejando muy claro que el niño puede elegir y que conviene que piense en lo que es preferible. Utilicemos la fórmula «¿Qué prefieres?», como se expone:

—¿Qué prefieres: cumplir tu compromiso de dar la comida al perro o renunciar a él? En este último caso, será necesario bus-

---

6. Podemos ayudar a soportar mejor el cabreo con una actitud empática. Véase el capítulo sobre los límites y las frustraciones.

carle una familia en la que alguien quiera asumir esa tarea. (Cabe apuntar que, una vez haya empezado la búsqueda de la familia alternativa, posiblemente nuestro hijo retomará la tarea de ponerle el plato delante, de modo que no será necesario dejar de tener un perro.)

En el caso del ejemplo de la cena fría, una manera de acompañar la decisión y ayudar a reflexionar sobre la mejor opción podría ser la siguiente:

—He puesto la comida caliente en la mesa y, según pasan los minutos, va enfriándose. Me parece que si vienes ahora mismo la encontrarás rica. ¿Qué prefieres? ¿Venir enseguida o comerte el plato frío? Te lo pregunto porque, cuando está frío, no te gusta tanto...

Y, para terminar con el tercer ejemplo, serviría una frase como:

—Es un juguete delicado, y se rompe. Hay que tratarlo con cuidado. ¿Qué prefieres? ¿Conservarlo o conformarte con quedarte sin él si se estropea?

En cualquiera de los tres casos, ayudamos a los hijos a prever las consecuencias de sus decisiones y a valorarlas, siempre y cuando después nosotros cumplamos con lo que decimos.

Cómo tienen que ser las consecuencias

Derivadas lógicas para hacer comprender el sentido

Lo que decimos tiene un sentido. Hace falta que seamos capaces de conseguir que los niños comprendan ese sentido. Ellos deben tener conciencia que lo que sugerimos no responde a nuestro capricho arbitrario. Para lograrlo, cualquier posible consecuencia tiene que estar asociada al sentido de la indicación que damos. Esto resulta de una importancia capital para que el niño o niña pueda distinguir una indicación o una orden que van en su beneficio o en el de la familia, de una orden arbitraria. Se supone que los padres procuramos que los hijos hagan aquello que les resulta conveniente a ellos mismos, a nosotros en tanto que conjunto familiar o a la sociedad en un sentido amplio. Es este tipo de bien superior el que hace que deseemos que las cosas sean de cierta manera en determinados momentos y no nuestro capricho de un instante.

Pongamos un ejemplo. Supongamos que hay que avisar a nuestra hija para la cena. Podemos plantearle que elija en función de lo siguiente: «Sole, ¿qué prefieres: venir a cenar ahora o más tarde? Si vienes ya mismo, nos dará tiempo de explicar un cuento antes de acostarte; si vienes más tarde, no nos dará tiempo». Fijaos cómo la consecuencia que anunciamos trata del sentido que tiene cenar temprano: ni más ni menos, que nos dé tiempo para leer un cuento.

¿Qué pasa si, en vez de una consecuencia asociada (de un modo lógico) a la acción de cenar tarde, como quedarse sin tiempo para el cuento, anunciamos una consecuencia que no tenga una asociación lógica? Es decir, ¿qué pasa si planteamos el caso como sigue?: «¿Qué prefieres: venir a cenar ahora o no hacerlo hasta dentro de un rato? Si no vienes ahora, mañana no disfrutarás de tu tiempo de ordenador». En este caso, podemos conseguir que nuestra hija acuda a cenar de inmediato, pero lo habremos logrado a fuerza de imponer nuestro poder de personas adultas que controlamos los recursos y sin haber ayudado a la niña a comprender el sentido de nuestra indicación. Habremos dado una amenaza de castigo. A menudo, los niños obedecen ante las amenazas de castigo, pero esto no les ayuda a comprender el sentido de cumplir lo que les pedimos. Les convierte en obedientes, pero no en responsables.

Cuanto más pequeños son los niños, más tendemos a simplificar la fórmula, y hay que ir con mucho cuidado en que la simplificación no la pervierta. En uno de los talleres de «Educar sin gritar», una madre comentaba que a su niña de tres años le planteaba con simplicidad:

—Leire, si no vienes ahora mismo a cenar, no te explicaré un cuento antes de acostarte.

De ese modo, Leire puede entender que explicar el cuento o no depende de lo que ella decida hacer o dejar de hacer. Pero no puede ver la relación lógica de sentido entre ir a cenar temprano y que la madre le lea (o no) el cuento. Es demasiado pequeña todavía para alcanzar a comprender qué significa quedarse sin tiempo para hacer algo, y por ello su madre simplifica la fórmula. Lo ideal sería que los niños y niñas más pequeños no sientan que se les somete a un chantaje (y esa fórmula a Leire podría parecérselo). Mejor que eso es imponer la autoridad como resultado de una expresión seria que no pueda comportar réplica (véase más adelante cómo hablar seriamente). Y, en cualquier caso, conviene que, a medida que crezcan un poco —de hecho, tan pronto como nos sea posible—, expresemos con una frase entera que el hijo *tiene la opción de elegir*, que lo que le planteamos los padres no es para nada un chantaje para conseguir algo que deseamos, sino que puede decidir por él mismo y que la elección es libre. Debe quedar muy claro que a nosotros nos da igual lo que decida. Lo único que ocurre es que, cuando alguien toma una decisión, esta va asociada a unos resultados que hay que tener en cuenta. Siempre que podamos, eduquemos a los niños de modo que aprendan a hacerse responsables de sus decisiones, permitiéndoles observar consecuencias lógicas y no arbitrarias.

Para que se nos ocurra la consecuencia lógica derivada de cualquier indicación que los niños puedan elegir seguir o no, es preciso que pensemos en el motivo por el que desearíamos que hicieran algo.

Próximas

Las consecuencias para comprender el sentido de hacer las cosas de una determinada manera deben estar próximas en el tiempo. Resulta más instructivo vivir la consecuencia derivada al cabo de una hora que al cabo de varias horas. Más instructivo vivirla al cabo de unas horas que al día siguiente, y mejor al día siguiente que al cabo de dos días. Por tanto, es mejor preguntar: «¿Qué prefieres: tender la ropa ahora mismo, con una sola lavadora, o más tarde, cuando tendrás la ropa de dos lavadoras que tender?», a preguntar lo siguiente: «¿Qué prefieres: tender la ropa de la lavadora ahora mismo o doblar mañana la que se secará hoy y la que va a secarse mañana?».

Comedidas

En tanto que padres, es posible que tengamos ciertas preferencias. Podría ser que quisiéramos que tendieran de inmediato el contenido de la lavadora, y no que lo hagan más tarde y deban tender el doble de ropa. Por eso resulta bastante natural caer en la tentación de plantear consecuencias un tanto excesivas, para intentar que los niños hagan lo que nos parece más conveniente. Hay que evitar dicha tentación y limitarnos a anunciar la derivada más lógica y natural de un comportamiento.

Ante la resistencia, consistencia

Las primeras veces en que apliquemos este sistema de educar para la responsabilidad nuestros hijos van a resistirse a aceptar las consecuencias de sus decisiones. Cuanto mayores sean los niños en el momento de empezar a actuar de ese modo, más fuerte será su resistencia. El problema se resolverá si nos mostramos consistentes respecto a lo que hemos dicho y no cedemos ante sus presiones.

¿Cómo deberemos proceder ante esas situaciones en que los hijos han optado por una decisión de consecuencias poco deseables? Veámoslo recurriendo al ejemplo que tenemos entre manos: llamamos a Mamen para que venga a cenar, y ella opta por hacerlo media hora más tarde. Cuando se siente a la mesa, treinta minutos más tarde de lo que hubiera convenido, es necesario que nosotros mantengamos la calma y la cordura. No debemos enfadarnos ni poner mala cara. Recordemos que le ofrecimos dos opciones: «venir ya mismo» o «no venir hasta más tarde». Ella, sencillamente, ha optado por la segunda opción. Por consiguiente, no ha hecho nada malo; simplemente ha tomado una decisión de la que desconocía las consecuencias, entre las dos que podía escoger. Por lo tanto, los educadores respetaremos profundamente su elección. Por *respetar profundamente* entendemos aceptar sin tensiones ni reproches. Cuando Mamen venga a cenar, eso sí, se encontrará con que los demás ya habremos acabado o estamos a punto de hacerlo (no vamos a retrasar la hora común a causa de su elección, claro está). Después de cenar y de cepillarse los dientes, es posible que nos pida que le leamos un cuento, si tiene la costumbre.

Entonces es importante que nuestra respuesta sea tan pacífica como inequívoca:

—¿Cuento? No, hoy no hay tiempo para el cuento. Había que elegir entre cenar a la hora convenida o más tarde, ¿te acuerdas? Si lo hacías más tarde, dijimos que no nos daría tiempo de explicar ningún cuento. Ahora ya es momento de acostarse.

Si tenemos suerte —ayudará, sin duda, que Mamen nos vea totalmente serenos y convencidos—, la cosa no irá a mayores.

Si no tenemos tanta suerte, o si Mamen descubre en nuestra voz alguna alteración debida a la situación —nervios, dudas o crispación—, la escena puede complicarse mucho. Podría, por ejemplo, desarrollarse así:

—¿Acostarme ya? ¡Ni hablar! ¡Yo quiero que me leas un cuento!

—Mamen, había que escoger, y tú decidiste cenar más tarde, lo que implicaba que no tendríamos tiempo para el cuento.

—¡Me senté pronto a la mesa! No pasó nada de tiempo desde que avisaste. ¡No hay derecho!

Ante dicha respuesta, resulta habitual que entremos en una discusión sobre quién lleva razón.

—No es cierto. Te sentaste a la mesa cuando los demás ya terminábamos. Se te hizo tarde, y ahora mismo ya es la hora de acostarse.

—¡Mentira! ¡Lo que tú quieres es no tener que leerme el cuento!

Cuando pasa todo eso, a menos que deseemos que la discusión vaya subiendo de tono y acabemos los dos a grito pelado, solo cabe una solución: se trata de respirar hondo sin decir palabra y limitarnos, con plena calma, a repetir la frase:

—Mamen, ya he dicho todo lo que tenía que decirte.

No repitáis el argumento. No volváis a explicar que ella ha tomado una decisión y que quedarse sin el cuento es la consecuencia de ello. La niña ya lo sabe. Repetirlo no es más que una manera de alargar la situación: el cuento de nunca acabar. Mientras decís «Yo ya te avisé», es bueno que os retiréis, tras apagar la lámpara de la mesita, si es que habéis acompañado a la hija hasta la cama. Según el carácter o el estado de ánimo de la criatura, podría ser que la situación no terminara ahí. Puede darse una pataleta de notables dimensiones, con ira y lloros. En tal caso, es muy importante que no cedáis: hoy, nada de cuento. La firmeza, en este punto, resulta clave… y difícil. Estamos cansados, quizás en casa hay algún hermano menor, que ya duerme, los vecinos quieren estar tranquilos… y parece que la única forma de cortar con la estruendosa pataleta sea rindiéndonos. Si lo hacemos, lo más seguro es que terminen los gritos y los lloros, el hermanito podrá conciliar el sueño y los vecinos podrán finalmente descansar… pero de este modo habremos desprovisto la fórmula *¿Qué prefieres?* de todo su poder, de toda su eficacia: en otra ocasión, ya no nos será útil. Cuando al día siguiente queramos plantear a la criatura una elección asociada a una consecuencia para ayudarla a crecer como persona responsable que asume las consecuencias de sus actos, entonces la niña no dará ninguna credibilidad a nuestras palabras. Al decirle, pongamos por caso, «Mamen, ¿qué prefieres? ¿Prepararte la merienda enseguida, antes de salir, o continuar mirando la televisión en vez de dejar listo el bocadillo? Ten en cuenta que si llega el momento de salir y aún no tienes el bocadillo a punto, tendrás mucha hambre hasta la hora de la cena», ¿qué es lo que va a pensar Mamen? Pues lo que va a pensar es que, si llega el momento en que se le despierta el hambre, conseguirá que le compremos la merienda en una pastelería. No habrá asumido para nada que, al plantearle la posibilidad de elegir bajo la fórmula *¿Qué prefieres?*, deberá pensárselo muy mucho, porque la cosa va en serio. Es de vital importancia que, cuando le hagamos un planteamiento de ese tipo, seamos fiables al cien por cien: lo que decimos es lo que tiene que pasar. Solo así puede grabarse en su memoria dicho procedimiento: cuando el adulto dice *¿Qué prefieres?*, hay que reflexionar bien sobre las posibles consecuencias de la elección, porque, sin ningún género de dudas, van a producirse. Pocas cosas resultan más molestas en la vida cotidiana con los pequeños que tener que soportar pataletas cuando hay «víctimas colaterales». Aun así, es preferible tener que bajar al piso de los vecinos para pedir disculpas y contarles que estamos intentando atajar un problema de una vez por todas a ceder ante la reivindicación de Mamen. Si cedemos, amén de haber devaluado la fórmula *¿Qué prefieres?*, también estamos informando de lo siguiente: cuando la rabieta molesta demasiado, entonces el deseo es concedido. Valorad las terribles consecuencias de ello.

Pongamos otro ejemplo, en el que el reto de ser fiables puede conllevar una nueva complicación. Imaginad que Chema tiene encomendada una tarea doméstica que debe realizar durante la mañana. A las doce teníamos previsto salir de casa para ir a la piscina. El plan consistía en no regresar a casa hasta la hora de comer, de manera que, si el chico no ha hecho su trabajo antes de las doce, no nos quedan sino dos opciones: dejar la tarea para la tarde o que él permanezca en casa para llevarla a cabo y, por consiguiente, se quede sin el baño. Nosotros, los padres, por los motivos que sea (porque por la tarde hay que hacer otra cosa; porque nos conviene que, a esa hora, el trabajo esté ya hecho; o, sencillamente, porque forma parte del compromiso de Chema con la familia que la tarea haya sido realizada antes del mediodía), no estamos dispuestos a permitir que la mañana pase sin que él haya cumplido con su obligación. Por lo tanto, le preguntamos:

—Chema, ¿prefieres hacer la tarea ahora mismo o más tarde?

En este momento son las once, y tienes que calcular que, en una hora, nos vamos a la piscina. Si a las doce el trabajo no está terminado, tendrás que quedarte en casa para hacerlo en vez de acompañarnos.

Hemos dado a Chema toda la información y le hemos planteado una elección. Depende de él el ir o no ir a la piscina. Sabe de cuánto tiempo dispone antes de las doce. Lo estamos acompañando para que pueda tomar una decisión de la cual él será responsable. En tanto que padres, estamos convencidos de ello. Pero, ¿qué puede ocurrirnos? Pues que a las once y media empecemos a sentir una inquietud: Chema todavía no se ha puesto manos a la obra… A las once y treinta y siete minutos, le decimos: «Chema, apenas quedan veinte minutos para salir. Ya te dije que…». A menos cuarto, no nos resistimos a recordárselo de nuevo: «Chema, entonces, ¿no deseas venir con nosotros a la piscina? Ten en cuenta que, si en un cuarto de hora, no…». Nuestro ánimo ha ido alterándose minuto a minuto, y cuando falta muy poco para las doce ya estamos indignados. El caso es más complicado que el de Mamen, puesto que hay un componente emocional mayor en juego: en tanto que padres, no tenemos ningunas ganas de dejar al niño sin ir a la piscina, y eso por varios motivos. En primer lugar, porque sabemos que se lo va a pasar en grande. Y también porque pensamos que es bueno que nade y juegue; porque nos encanta estar con él cuando se divierte; porque sabemos que se pondrá de un humor de perros si no puede acompañarnos y también porque sabemos que, a nuestro regreso, todo será peor si él no vino.

Así pues, ¿qué hay que hacer? Debido a las sensaciones que nos invaden, la tentación sería optar por decir, con tono amenazador y voz enfática, a las doce en punto:

—¡Si no me aseguras que, a la vuelta de la piscina, vas a hacer la tarea enseguida y sin rechistar, no vienes! Y ten muy claro que, si esto vuelve a pasar, en la próxima ocasión no tendrás más remedio que quedarte en casa.

Si hacemos lo que acabamos de exponer, nuestro hijo va a pensar, con toda razón, que no hay ningún motivo para creer que, a la próxima, las consecuencias anunciadas vayan a ir en serio. Al fin y al cabo, si esta vez ha disfrutado de un «por hoy pase», ¿por qué motivo no habría de darse un segundo *pase* en la próxima ocasión?

Los padres nos hemos evitado una pataleta, el malestar de haber dejado al niño en casa y hallarlo hecho una fiera a la vuelta. Pero también hemos hecho una gran inversión en tensiones futuras de la misma estructura. Hay que tener muy claro que, en la siguiente ocasión en que avisemos de alguna consecuencia que se producirá en caso de tomar determinada decisión, nuestro hijo se comportará como si le hablaran en chino.

¿Qué deberíamos hacer, pues, en vez de renunciar a lo dicho y exigir que «a la próxima» cumpla con su obligación? Nada. Es decir, nada más que lo que convinimos con él. Cuando sea la hora de salir para la piscina, si el trabajo no está terminado, le diremos:

—Hasta luego. Estaré de vuelta sobre las dos.

En el momento de decirlo, es importante que no esperemos su réplica. Si le prestamos oídos, es probable que no podamos evitar la contrarréplica, y que a partir de ahí nos enzarcemos en una discusión. Y, como en el ejemplo anterior de Mamen y el cuento, es precisamente eso lo que hay que evitar. Si os fijáis, no hay motivo para discutir sobre nada. Nuestro hijo ha tomado una decisión conociendo bien las circunstancias de la situación, y nosotros debemos respetarlo y ser coherentes y fiables. Lo que dijimos es, ni más ni menos, lo que debe ocurrir. En caso de oír su protesta o súplica, palabras de este tenor:

—¡Espera! Prometo que a la vuelta haré el trabajo.

Yo propongo no responder más que:

—Lo lamento, Chema. Tenías dos opciones. Otro día, con el trabajo hecho, vienes seguro.

A continuación, debéis salir de casa sin vacilar. Estáis haciendo exactamente lo que vuestro hijo necesita para aprender a tomar decisiones calculando sus consecuencias. Estáis asimismo convirtiéndoos en padres fiables: de este modo, vuestro hijo aprenderá a confiar en lo que decís.

Ni que decir tiene que no estáis dejando al niño o a la niña desprotegidos ni abandonados. Si lo dejáis solo en casa es porque sabéis que puede permanecer ahí sin peligro y porque tiene a mano el número de teléfono de alguien que podría echarle eventualmente una mano. Si no es así, seguro que vais a dejarlo con alguien que se hará cargo de él mientras estáis en la piscina. Por tanto, podéis iros tranquilos y convencidos de que lo que hacéis es educar sin gritar.

En definitiva, si ofrecemos la posibilidad de elegir, hay que respetar la opción de nuestro hijo y dejar que sea consecuente, sea cual sea la magnitud de la protesta que todo ello pueda desencadenar. Hay que recordar que no estamos trabajando para no tener un problema hoy, sino que lo hacemos para resolver el problema de ahora en adelante. Si hoy damos nuestro brazo a torcer, lo que hayamos hecho hasta este momento no servirá de nada. Por el contrario, si no cedemos, pase lo que pase, acaso hoy sea el último día que debamos enfrentarnos con el problema.

No dar sermones

Al día siguiente, al levantarnos —en el caso de Mamen, que se quedó sin su cuento—, y hoy a las dos —en el caso de Chema—, nos mostraremos distendidos y como si nada hubiera sucedido. Horas atrás se produjeron unos hechos, pero ahora nos encontramos en un momento distinto y vivimos el presente sin mirar atrás. No debemos referirnos a lo que ocurrió con ánimo de dar sermones ni tan siquiera para dar un aviso de cara a la próxima vez. Sencillamente, cuando vuelva a darse una ocasión parecida, utilizaremos de nuevo la expresión «¿Qué prefieres: A o B, teniendo en cuenta los pros y los contras de una y otra opción?». Cuando nuestro hijo oiga dicho planteamiento —que, sin duda, va a recordarle por sí solo la anterior ocasión—, tomará la decisión que le parezca más conveniente. Él sabe que, decida lo que decida, nosotros se lo vamos a respetar, y sabe, asimismo, que va a ocurrir lo que le hemos explicado.

Que la prisa no nos confunda

Uno de los casos en los que casi siempre optamos por dar órdenes de forma imperativa en lugar de escoger educar en la línea de la libertad responsable es cuando tenemos prisa. No es nada raro: sentimos que no podemos perder el tiempo hablando, y nos salen frases de esta guisa:

—¡Bébete ya la leche que tenemos que irnos!

—¡Date prisa en vestirte que vamos a llegar tarde!

—¡Lávate y péinate de una vez que solo falta un cuarto de hora para las nueve!

Muchos de nosotros conocemos esta situación, que se produce invariablemente a la hora de salir de casa para ir a la escuela.

Cuidado: tenemos que estar atentos para, que en esos momentos de prisa, no nos confundamos respecto a tomar una estrategia equivocada para con los hijos. Y es que, por defecto, tendemos a considerar que cuando hay prisa no es posible entretenernos en hacer lo que debemos para educar en la responsabilidad, y entonces damos ese tipo de órdenes imperativas. El valor de la puntualidad, la necesidad de llegar a la hora convenida a los distintos lugares, nos impulsa a obrar de ese modo.

Pero si lo pensamos con un poco de detenimiento, nos daremos cuenta de lo siguiente: lo que de verdad deseamos es que el problema de andar justos de tiempo se termine de una vez por todas, para que ni nosotros ni nuestros hijos tengamos que ponernos de los nervios en el momento de salir. Si día tras día refunfuñamos y les metemos prisa antes de partir, no acabaremos con el problema. Para que la situación cambie, debemos hacer algo diferente.

Hay dos posibilidades: una de ellas tiene que ver con nosotros, con los adultos, y consiste en organizarnos de manera que, por la mañana, dispongamos de más tiempo para hacerlo todo. Eso implica despertar a los niños algo más temprano y dejar la ropa preparada la noche anterior. Hacerlo de este modo ayuda; pero, aun así, puede resultar que el tiempo no nos cunda, debido a que, por ejemplo, nuestros hijos remoloneen en la cama más de la cuenta. La otra posibilidad consiste en dar al niño la oportunidad de enfrentarse a las consecuencias de su elección, preguntándole:

—Iker, ¿qué prefieres? ¿Levantarte, asearte, vestirte y desayunar a buen ritmo o bien llegar tarde a la escuela?

Siempre que sea posible, es mejor actuar de ese tenor que agobiarnos para evitar el retraso. Podremos conseguirlo siempre y cuando las consecuencias del retraso solo perjudiquen al niño o a la niña, y no a nosotros o a otras personas. Si el retrasarse por haberse demorado tiene consecuencias indeseables para los padres porque llegaremos tarde donde sea, no podemos plantear la elección. Si los padres no llegamos tarde donde fuere en caso de que el niño llegue con retraso a la escuela, será muy útil llegar tarde al centro y que él tenga que asumir las consecuencias. Dichas consecuencias deben ser lo suficientemente negativas para que no quiera volver a sufrirlas. Por eso resulta conveniente que antes hayamos hablado de ello con la maestra. La forma es sencilla: algunos días antes, comentad con ella el problema que tenéis todas las mañanas para salir puntuales de vuestra casa. Decidle qué habéis pensado: a saber, que el niño vaya a su ritmo aunque esto implique llegar tarde. Pedid su complicidad:

—Necesitamos tu ayuda para que a Iker no se le pase por la cabeza volver a llegar tarde ni un solo día más.

Ella sabrá cómo organizar la situación. Es posible que cuando llegue Iker le diga que no puede entrar en el aula hasta que se termine la actividad en curso. O que le haga esperar en el aula con el resto de compañeros pero sin participar de la actividad durante un rato. O, incluso, podría decirle que debe realizar en casa el trabajo que los demás ya hicieron mientras él no estaba. O, sencillamente, podría hacerle una seria reflexión sobre la necesidad de ser formal y, por consiguiente, puntual. La maestra sabrá decidir lo más conveniente según la edad y personalidad de Iker.

¿Qué se puede hacer si, en el caso de llegar tarde a la escuela, también los padres nos vemos perjudicados porque vamos a llegar con retraso a nuestro destino? No habrá más remedio que partir de casa a la hora convenida. ¿Y qué hay que hacer para no tener que refunfuñar y gritar con la intención de salir puntuales? De nuevo, podemos actuar en una línea de educación *responsabilizadora*: cuando llegue la hora, hay que salir, de manera que saldremos de casa tanto si el niño está listo como si no lo está. Esto puede implicar salir de casa a medio vestir, o incluso en pijama. Una experiencia nada agradable para ellos ni para nosotros que, sin embargo, permitirá acabar con el problema en vez de cargar con él día tras día.

Antes de emprender una acción de ese tipo, sí es necesario avisar a nuestro hijo de lo que va a ocurrir. Para hacerlo, lo mejor es hablar con él en un momento en que estemos tranquilos y en una situación que nada tenga que ver con el problema. Por ejemplo, la tarde anterior, mientras jugamos juntos.

—Iker, es una lata que por las mañanas nos mosqueemos, porque no te das suficiente prisa al vestirte para salir puntuales hacia la escuela. Ya sabes que me agobio si veo que pierdes el tiempo, porque no puedo llegar tarde a mi trabajo. Si volvemos a tropezar con la misma piedra, habrá que salir de casa tanto si estás vestido como si no, ya que ni podemos llegar con retraso ni tengo yo que desgañitarme para que te vistas. ¿Vas a recordarlo, verdad que sí?

Al día siguiente, cuando sea la hora de levantarse, se lo recordaremos:

—Iker, ten en cuenta que debes decidir si prefieres vestirte enseguida o partir hacia la escuela cuando sea la hora, estés o no vestido.

Podría darse el caso de que haya que salir de casa en pijama. Ningún problema: no va a ocurrir una segunda vez. Es cierto que ese día nadie va a evitarnos, ni a nuestro hijo ni a nosotros mismos, el papelón de hacer el ridículo. Pero no lo es menos que eso no va a tener repercusiones irreparables para su bienestar emocional y equilibrio futuro; y, de paso, nos permitirá dar carpetazo a un problema cotidiano que, lo mismo a él como a nosotros, nos causa malestar día tras día.

En los talleres de «Educar sin gritar», algunas familias han relatado la experiencia de llevar a la criatura a la escuela en pijama. En todos y cada uno de los casos, fue una experiencia definitiva, y en varios casos solo hubo que salir al rellano para que el niño solicitara volver a entrar en casa para vestirse en un santiamén. Si eso pasa, dejad que vuestro hijo junte la ropa y que vaya poniéndosela en el camino. Lo sustancial de la experiencia ya ha tenido lugar: él se habrá dado cuenta de que no vaciláis en salir de casa puntualmente y sin rechistar, tanto si él está listo como si no.[7]

Reforcemos las decisiones acertadas

Siempre que tengamos la ocasión de subrayar que la decisión tomada por nuestro hijo le ha granjeado alguna ventaja, hagámoslo.

—Como has cenado temprano, hoy tendremos tiempo para explicar un cuento más largo.

—Como cumples tu compromiso con el perro, sé que puedo fiarme de ti si alguna vez decidimos tener otro animal.

Celebrar lo positivo es una manera de reforzar una actitud. Recordemos, sin embargo, que la ventaja debe derivar *naturalmente* de su decisión. No debe ser un premio. Si premiamos las decisiones deseables, echaremos a perder el objetivo de esta manera de educar, ya que no se trata tanto de lograr que el niño o la niña haga algo de una determinada manera como de ayudarle a entender el sentido de ello. Y el sentido va a descubrirlo obser-

---

7. Véase una alternativa en el capítulo «Hablar con los hijos», en el que se expone una posibilidad para solucionar problemas como el apuntado, llegando a acuerdos con los hijos.

vando las consecuencias indeseables de no hacer lo que sería conveniente y aprovechando las ventajas naturalmente derivadas de hacer lo más adecuado.

No nos pongamos la venda antes de la herida

Por amor y exceso de celo, padres y madres tendemos a querer evitar que nuestros hijos tengan que cargar con consecuencias indeseables y que sufran problemas de todo tipo. Por eso a veces «ponemos la venda antes de la herida» y dedicamos no pocos esfuerzos a ayudarles a que se ahorren problemas.

Un caso bastante típico en los últimos años consiste en ayudar a los niños a hacer sus deberes. Hay familias donde hay más interés en que los deberes los haga la madre o el padre que no el hijo. A menudo, los padres que acuden a los talleres relatan el desgaste que supone conseguir que los niños hagan bien el trabajo de la escuela, y se preguntan hasta qué punto tienen que hacerse cargo ellos mismos. Se trata de una cuestión muy interesante, que hay que analizar en tanto que intentamos educar para la libertad y la responsabilidad.

Permitidme que recuerde que, al iniciar el capítulo, decíamos que una persona responsable es la que elige, o toma una decisión, y acto seguido responde a las consecuencias asociadas a dicha elección. Hacer los deberes es una de las obligaciones que tiene el niño (otro cantar es si ello resulta adecuado o no, pero esta última cuestión compete a la pedagogía escolar). Por lo tanto, es él quien debe responder sobre las consecuencias de cumplir con su obligación, y no sus padres. En otras palabras: el encargo de llevar al día los deberes se le hace a él, no a la familia. Si él no está dispuesto a cumplir con el encargo, es él quien debe experimentar las consecuencias. Pero a menudo los padres y las madres queremos ahorrárselas. Buscamos mil y una maneras para que se ponga a trabajar en las tareas escolares, hasta el punto de ponernos nosotros manos a la obra, como si se tratara de una obligación propia. Intentamos evitar de ese modo que le pongan faltas por no llevar los deberes hechos.

Pero vamos a pensar en ello con algo más de calma: ¿qué va a ocurrir si nuestro hijo no hace los deberes? Que le pondrán falta. ¿Qué puede ocurrir si le ponen falta? Que tenga que mantener una charla seria con su maestra, que va a reflexionar con él y le hará saber las consecuencias de su actitud (amenaza de notas más bajas, por ejemplo). Cuando esa charla seria con la maestra tenga lugar, será él quien estará asumiendo las consecuencias de su desmemoria o su desidia. No le habremos puesto la venda antes de la herida. Y si se produce la herida (a saber, él empieza a tener problemas en la escuela por no hacer los deberes) y nos llega la noticia porque el niño o la maestra nos la comunican, entonces es cuando podremos preguntar a nuestro hijo si hay algo que podamos hacer para ayudarle. Es entonces cuando podremos poner la venda. No antes.

Si él nos pide que le ayudemos a hacer los deberes, podemos responder de la siguiente manera:

—De acuerdo, pero tengo que saber qué lapso de tiempo deberé dedicar a ayudarte. Por tanto, hay que organizar las tardes de modo que haya un rato fijo reservado para los deberes. Hagamos un horario diario.

Elaboraremos conjuntamente un horario escrito en el que se estructuren las tardes de tal modo que reservaremos un rato fijo —de una media hora, para que comprenda que hay que finalizar sin entretenerse más de la cuenta— dedicado al trabajo escolar. Y, cuando sea la hora, se lo recordaremos:

—Raúl, es la hora de los deberes. Puedo ayudarte desde ahora mismo hasta dentro de media hora.

Si, por el motivo que sea, Raúl no se anima y no se pone a ello, ese día no le ayudaremos. Pero, como no ha cumplido su compromiso con el horario, las actividades siguientes no van a comenzar hasta que los deberes no se hayan terminado. Por ejemplo: si tenemos el horario diseñado de tal modo que de seis a seis y media hacemos los deberes y, a partir de las seis y media, se conecta a Internet, la conexión no podrá iniciarse hasta que los deberes estén hechos (resulta tan sencillo como apagar el Wi-Fi). Le daremos a entender que esa es nuestra manera de ayudarle, puesto que, en el día en cuestión, ya pasó el rato que nosotros podíamos dedicar a hacer los deberes con él y, además, tenemos mucho que hacer.

De ese modo, él es el responsable de hacer su trabajo y de sus decisiones, no nosotros.

Podemos obrar exactamente igual si se trata de ayudarle cuando tenga que estudiar para los exámenes: decidir conjuntamente cuánto tiempo vamos a dedicar juntos al repaso y, en el caso de que no se ponga al trabajo, retirar nuestro apoyo y dejarlo estudiando solo, posponiendo el resto de actividades.

De todas formas, poco a poco el niño o niña va a acostumbrarse a trabajar cuando sea la hora si sabe que tiene nuestro apoyo y que, en el caso de retrasar el momento, puede perder dicho apoyo. A los niños les gusta tenernos cerca, que prestemos atención a sus cosas.

Hay que añadir que, para ayudar bien, es necesario ir capacitando a los niños en la resolución de retos por su cuenta. No debemos dar las respuestas correctas, ni corregir los deberes. Si el niño no sabe hacerlos, la maestra tiene que poder comprobarlo. En caso contrario, no reparará en las dificultades que presenta el chico. Si, por ejemplo, hay ejercicios que el niño no entiende, podemos intentar explicárselos y dejar que los resuelva por sí solo. Si no se los podemos explicar, porque no los comprendemos, o si se los explicamos pero no es capaz de resolverlos, entonces le encargaremos preguntar en la escuela cómo se hacen y que más tarde nos dé la respuesta.

Cuando no es viable dejar elegir

No siempre podemos dar a elegir e invitar a asumir las consecuencias de la elección.

Hay, por lo menos, dos casos en los que no es viable invitar a nuestro hijo a decidir entre hacer algo y no hacerlo si consideramos las consecuencias de la elección. Son los dos que siguen:

1. Cuando las repercusiones de su acción recaen sobre los demás (otros miembros de la familia, personas que nos rodean o la comunidad en general). Por ejemplo, cuando el niño hace mucho ruido, con lo que molesta a otras personas de la casa o a los vecinos; al insistir como un incordio en que le escuchemos cuando hablamos con alguien; o cuando estropea algo que no es suyo.

2. Cuando lo que está haciendo va a perjudicarle de un modo directo y permanente. Por ejemplo, cuando es incapaz de dejar de comer golosinas; cuando no quiere dejar de mirar la televisión; o cuando no admite alternativa ninguna al ocio por medio de las pantallas.

En casos como los apuntados, no podemos ofrecerle escoger por dos razones: en primer lugar, porque según lo que elija los demás o él mismo seguirán sufriendo un perjuicio; y, en segundo lugar, porque es muy difícil plantearle una consecuencia posterior que recaiga sobre él mismo y que sea del tipo de las que hacen comprender el sentido.

¿Qué hay que hacer en tales situaciones? Es necesario lograr que lo que digamos se cumpla, lo cual requiere un capítulo aparte.

Sin embargo, antes de eso cabe apuntar aún otra cuestión importante para educar para la libertad y la responsabilidad.

Asumir responsabilidades

Un niño tiene que dedicar una parte de sus esfuerzos a alguien que no sea él mismo. De otro modo, no podrá desarrollar ningún sentido de responsabilidad social. Y, como el sentido moral crece con el vínculo social,[8] «liberar» a un niño de toda responsabilidad

---

8. Ulrich Beck, *La individuación*, Paidós, Barcelona, 2003.

es impedirle desarrollar su sentido moral. Para que el niño se sienta vinculado a los demás y a la sociedad tiene que haber tareas que haga por el bien de los demás y del lugar donde convive con ellos. El niño que se centra solo en sí mismo está sometido a la disciplina de su deseo. Incluso cuando ha reflexionado sobre la opción más conveniente pudiendo valorar las consecuencias, el niño que no tiene que pensar más que en él mismo podría volverse un egocéntrico y un egoísta. Él querrá o no, él obedecerá o no lo hará, él hará o no según sus propias apetencias y conveniencias sin contemplar las de nadie más. Para evitar ese riesgo, es preciso que le demos la oportunidad de responsabilizarse de algo de lo que dependa la buena marcha de la vida en común.

En este sentido, es bueno repartir las tareas domésticas entre todos los que vivimos en casa. Según la edad, el niño puede asumir varias de esas tareas: solo hace falta estar un poco atentos a sus capacidades para ver qué encargos podemos hacerle. Un chaval de cuatro años, por ejemplo, puede ayudar a poner y quitar la mesa, puede guardar los cubiertos limpios en el cajón… Y, en el otro extremo de la niñez, un chico de doce años ya es capaz de tender la ropa, de barrer, de quitar el polvo, de pasear al perro… Hay que decidir entre todos de qué se ocupará cada miembro de la familia. Así el niño entenderá que su colaboración es necesaria y valiosa, comprenderá el valor de lo que hacen los demás por el bienestar común y se sentirá parte integrante de una pequeña comunidad, la familia, cuyo bien depende de la aportación de todos. Y es a partir de dicha experiencia primaria en casa que más adelante podrá valorar la importancia de su contribución individual a la sociedad y asumir compromisos con los colectivos de los que forme parte.

Al repartir las tareas, resulta relevante que los niños se den cuenta de cuánto se hace en una casa con el fin de que todo funcione, a la vez que toman conciencia del valor que tiene la colaboración de todos. Por tanto, un sistema corrector sería el siguiente:

Hacemos una lista de todo lo que hay que hacer en casa: desde salir a hacer las compras y cocinar hasta poner la mesa y sacar los platos limpios del lavavajillas, y eso sin olvidar barrer y fregar, bajar la basura, limpiar el baño y un largo etcétera que está en la mente de todos. Asegurémonos de celebrar una reunión formal con todos los habitantes de la casa y digamos:

—Fijaos, todo esto es lo que hay que hacer para que todo, en esta casa, vaya sobre ruedas. Lo contabilicé todo y resultan diecisiete tareas —o las que sean—. Es lógico suponer que no tiene ningún sentido que, si aquí vivimos cuatro, una sola persona o dos tengan que cargar con las diecisiete tareas. Por lo tanto, este es un buen momento para ponernos de acuerdo sobre qué hará cada cual. Como no todos podemos hacerlo todo, los adultos nos encargaremos de todo aquello que solo nosotros podamos hacer. Por ejemplo, hacer las compras será una tarea reservada a papá, puesto que él es el único que tiene tiempo para ello. Cocinar lo hará mamá, porque ante los fogones la verdad es que se sale. Así que anoto, al lado de «hacer las compras», el nombre de Paco… Y, al lado de «cocinar», el nombre de María. Ahora abrimos ronda: que cada uno de vosotros escoja lo que prefiera. Empezará su elección el que saque el número más alto con el dado.

Así podemos ir decidiendo quién será el responsable de cada tarea. Es necesario que el acuerdo resultante sea siempre visible (pegado a la puerta del frigorífico, pongamos), y, si en algún momento un niño olvida hacer lo que debe, le diremos, hablando seriamente:

—Yo hago mi parte. Es justo y necesario que cada cual haga la suya.

El modo de decirlo y la posibilidad de asociar consecuencias derivadas del hecho de no cumplir ayudarán a acostumbrar al niño o a la niña a coger el hábito.

EL GRAN RETO DE HACER CUMPLIR LO QUE DECIMOS

La autoridad merecida y su expresión

La autoridad que debemos querer como padres es la que José Antonio Marina denomina la *autoridad merecida*. Es una autoridad basada en la capacidad de los padres de educar y de cumplir sus deberes, y en nuestro afecto e interés en la relación con los hijos. No buscamos una autoridad que venga solo de la posición que ocupamos estructuralmente en la familia: los adultos tienen la fuerza y los recursos. Si queremos basar nuestra capacidad de hacer cumplir las normas exclusivamente en el poder que nos confiere el hecho natural de ser padres, tendremos asegurada la rebeldía desconsiderada desde la más tierna edad. No en todos los casos, por supuesto: habrá hijos dóciles que se someterán a la autoridad imperativa (y, cuanto más dóciles sean o más imperativa resulte la autoridad, más se someterán a ella). Pero, llegada la adolescencia, una etapa de cambio —crisis— en que los hijos necesitan librarse del poder adulto para coger sus propias riendas, los conflictos probablemente se sucederán, y nos aseguraremos el malestar durante una larga temporada. O, en caso contrario, tendremos unos hijos aparentemente obedientes que, a nuestras espaldas, nos ocultarán comportamientos que de ningún modo permitiríamos de conocerlos.

Si queremos disfrutar de la autoridad merecida es preciso que siempre actuemos guiados por las exigencias de nuestros deberes como padres, por nuestro cariño y por nuestro interés en la relación con los hijos. Y es preciso, asimismo, que ellos puedan percibirlo así.

Todo ello implica que, en determinados momentos, deberemos esgrimir argumentos tales como: «Esto es así porque me corresponde velar por tu salud» o «Lo haremos como te digo porque es conveniente para tu aprendizaje», por ejemplo. No hace falta decir que los argumentos que hacen referencia a lo que nosotros consideramos conveniente para los hijos no siempre son compartidos por ellos. ¡Ojalá fuera así! ¡Qué fácil resultaría si, ante un «Cómete la verdura, que es por tu bien», la criatura se sirviera un plato sin rechistar! De modo muy distinto, en ocasiones, las explicaciones sobre las ventajas que determinada indicación o decisión por nuestra parte comportarán para los niños son rechazadas frontalmente. «Es necesario que te acuestes a las diez, ya que te conviene dormir cuantas más horas mejor para crecer sano y estar preparado para aprender»: este podría ser un argumento, por ejemplo, contumazmente combatido con argumentos del tipo: «Aunque me acueste más tarde, al día siguiente no tengo sueño». Nuestra respuesta, siempre serena, siempre calmada, puede ser tan sencilla como la que sigue: «Como madre, mi papel consiste en cuidar de ti del modo que considero mejor. Aunque para mí resultaría más sencillo y cómodo dejarte decidir, me corresponde tomar esa decisión».

Cómo hablar seriamente

Para decir cosas como las apuntadas, es muy importante poner la máxima atención en cómo damos el mensaje. En resumen, para dar apariencia de serenidad a lo que transmitimos debemos hacer lo siguiente:
1. Agacharnos hasta la altura del niño.
2. Fijar nuestra mirada en sus ojos.
3. Hablar con voz serena.
4. Hacer frases simples y cortas.

En el modo de decir las cosas, intervienen varios elementos más allá del contenido del mensaje. Los más importantes son la actitud corporal, la mirada y el tono de voz.

En lo que respecta a la posición del cuerpo, lo mejor que podemos hacer es agacharnos hasta quedarnos a su altura, en lugar de hablar desde nuestro nivel.

Desde ahí, es importante fijar la mirada en los ojos de nuestro hijo. Hablémosle manteniendo el contacto visual. De este modo, estableceremos una conexión más directa e intensa que hará más efectivo el mensaje.

Al hablar, es bueno que nuestra voz sea serena, lo cual significa que debe reflejar nuestra tranquilidad de ánimo. Pensemos en un cielo claro: ninguna nube interrumpe el lienzo azul. Hay que dar las órdenes sin sombra alguna de duda ni inquietud, desde la seguridad de saber que debemos imponerlas. Si hemos dicho, pongamos por caso, «Tienes que cepillarte los dientes», debemos hacerlo en un tono afirmativo, suave y firme a la par, sin brusquedad ni énfasis (sin dotar a la frase de signos exclamativos, para entendernos), para nada en un tono de demanda o de súplica. El modo de lograrlo es acompañando la frase de un leve movimiento afirmativo con la cabeza y, sobre todo, teniendo el convencimiento interno de que lo que decimos debe ser cumplido del modo en que lo prescribimos y de que, para ello, no hay vuelta de hoja, ni réplica posible. Este último detalle es importante: a menudo, damos una orden sencilla, como «Tienes que cepillarte los dientes» o «De momento, no saques los juguetes de la caja», en un tono que invita a responder. Se trata de una cuestión sutil, pero que vale la pena tener en cuenta. No es lo mismo mirar a un niño y decirle: «Haz esto», sin esperar réplica, que hacerlo dando por descontado que va a replicar. Si lo decimos previendo que responderá con una protesta, aun sin darnos cuenta utilizaremos un tono distinto, más inquieto, que si damos por hecho que no lo hará.

Las frases deben ser cortas y simples, no tienen que incluir explicaciones —que los niños y las niñas ya conocen—, y deben ser claras.

De este modo, delante de él y mirándole a los ojos, con plena firmeza y con serenidad en la voz (y hablando quedo), debemos pronunciar la frase adecuada sin esperar réplica, levantarnos e irnos. Solo así los hijos sentirán que lo que decimos es serio y que, a pesar de que imponemos nuestro criterio, lo hacemos desde el respeto y echando mano de toda nuestra dedicación y proximidad.

Cosas que decimos tropecientas veces

(Desde la cocina, mientras estamos preparando la cena:)

—Guille, empieza a ordenar las cosas que en nada cenamos.

—…

(Cinco minutos más tarde:)

—Guille, la cena está casi lista, recoge los juguetes, que enseguida cenamos.

—…

(Al cabo de cinco minutos, gritando, todavía desde la cocina:)

—¿Me has oído, Guille? ¡Te digo que recojas, que es hora de cenar!

—… Un momento…

—¡Venga, hombre, que te lo he dicho tres veces! Date prisa: ordénalo todo, lávate las manos, que la cena está servida.

—…

—…

(Al cabo de cinco minutos, con los nervios a flor de piel porque la cena se enfría y apresurándose hacia donde está el niño:)

—¡Guille!

(Al llegar al lugar donde el pequeño está jugando, y voz en cuello:)

—¡Vaya, hombre! ¡Hace rato que te vengo diciendo que es ya la hora de cenar y que tienes que recoger, Guille!

—Enseguida lo hago. Un momento…

Hoy vamos a cenar tarde, y la cena estará fría. Y lo que es peor: cenaremos de muy mal humor. Nuestro propósito de no gritar y conseguir que las cosas fluyan con serenidad y cordialidad se ha vuelto a venir abajo. Pero es que... vamos a ver, ¿quién no iba a chillar después de repetirle al niño cuatro veces lo mismo? ¿Cómo se hace? ¿Quién es el maestro zen capaz de mantener el temple cuando lo superan sentimientos de frustración e impotencia de lo más naturales tras repetir hasta cuatro veces una orden que no se cumple? ¿Acaso existe alguna manera de que nos hagan caso sin gritar... nunca?

Los padres (y a menudo, por determinadas circunstancias, más aún las madres) damos órdenes. Damos muchas: desde que los chiquillos se levantan hasta que se acuestan. Fijaos: un día cualquiera, pongamos mañana mismo, marcad con una señal en una libreta cada vez que deis una orden. Aquí os dejo una sarta de ejemplos: «Levántate, vístete, ponte una camiseta debajo del jersey, lávate la cara, péinate, ven a desayunar, no te entretengas, date prisa, deja la taza en el lavavajillas, quita la mesa, prepara tu bolsa, no te olvides el bocata, coge la chaqueta, espérame fuera...». Uf, figura que todavía no hemos puesto el pie en la calle y ya estoy harta de listar órdenes. (Y quizás el niño también está harto de oírlas...). Si mañana marcáis con una señal en un papel cada orden dada desde que se levanta el niño hasta que se acuesta, os quedaréis asombrados. Podría sugeriros un ejercicio complementario, si cabe más interesante todavía, que consiste en marcar con señales distintas según si las órdenes se cumplieron o no, pero no es necesario que lo llevéis a cabo.

No hace falta porque todos tenemos la percepción clara y diáfana de dar muchas órdenes que se quedan sin cumplir. Y sabemos también que nuestra reacción, cuando eso pasa, difiere mucho según de qué tipo sea la orden que dimos. Esto es lo que suele pasar:

- Si dimos una orden tipo «advertencia» y no se cumplió, sencillamente no hay que repetirla: se supone que habrá servido ya de advertencia. Para que nos entendamos: ilustra lo expuesto la manida frase «¡No corras!».

- Si damos una orden que consideramos poco importante y no nos hacen caso, vamos a dejar pronto de repetirla y haremos como si plin: no podemos estar siempre haciendo esfuerzos baldíos, ¡que resulta un peñazo! Un ejemplo podría ser el «¡Abróchate la chaqueta!».

- Si se trata de una orden que consideramos importante y que repetimos varias veces pero no se cumple, vamos a levantar el tono de voz y la contundencia con que la damos hasta conseguir nuestro objetivo. Cuando llega ese momento, normalmente ya estamos de los nervios. Un ejemplo habitual se da a primera hora de la mañana cuando hay que ir a la escuela: «¡Date prisa en vestirte!».

Dos preguntas importantes

Teniendo en cuenta esta realidad, hay dos preguntas que resultan importantes. La primera es la siguiente:

¿Qué podemos hacer para evitar tener que repetir una orden tantas veces que, debido a la frustración que acumulamos cuando el niño no nos hace caso, acabamos gritando para que reaccione? ¿Hay alguna manera de no llegar a ese punto de pérdida de control? En otras palabras, ¿cómo podemos lograr que cuando una orden es importante se cumpla sin tener que repetirla hasta ponernos de un humor de perros?

La segunda pregunta es:

¿Tiene alguna consecuencia dar una orden y dejar que no se cumpla?

Esta segunda cuestión importa, porque encontrar una buena respuesta y tenerla en cuenta puede darnos la garantía de que nuestra autoridad como padres y madres no se deshace como un azucarillo en el café a medida que pasa el tiempo. Por lo tanto, vamos a empezar analizando ese tema. Más adelante abordaremos la primera cuestión, la pregunta pragmática de cómo nos los montamos para dar una orden y lograr que se cumpla.

La importancia de hacer cumplir las órdenes

La consecuencia derivada de dar una orden y dejar que no se cumpla es la desautorización. Nada nos desautoriza tanto como dar una orden, que no se cumpla y que no pase nada. Cada vez que nuestro hijo oye la voz del padre o de la madre dando una orden y no la cumple, aprende cuál es la consecuencia de comportarse así. Si percibe que, al no cumplir una orden, no pasa nada, aprende que «aquella suerte de orden», o que «una orden dada de aquel modo», no es necesario cumplirla porque, de todas maneras, nada ocurrirá si no lo hace.

Cuando los hijos comprenden que hay órdenes que pueden no cumplirse sin que ello tenga ningún tipo de importancia, entonces concluyen que «a veces la voz del padre o la madre ordena cosas que no es preciso hacer». Eso hará que en otros momentos y en otros contextos nuestras órdenes sean ignoradas y, si resultan importantes para nosotros, todo ello conllevará un motivo de frustración y, finalmente, de exasperación que puede terminar en… un grito.

Ya vemos, pues, que no es nada inocuo dar órdenes y no hacerlas cumplir.

Por lo tanto, ¿qué prevención debemos observar si pretendemos que las órdenes importantes sean obedecidas a rajatabla o, cuando menos, tomadas en cuenta o, por lo menos, respetadas?

Sencillamente hay que estar dispuestos a hacer cumplir las órdenes que damos. Porque si hoy esa orden no era importante, ¿por qué mañana sí tendría que serlo? Si hoy no hice caso de ella, ¿por qué tendría que hacer caso de ella mañana? ¿Acaso no os lo preguntaríais vosotros mismos? Los hijos está claro que sí.

A nadie le gusta que le den órdenes

Pero un problema muy importante asoma: a muy pocos les gusta que les den órdenes. Como no nos gustan las órdenes, tanto los mayores como los más pequeños a menudo nos resistimos a los mensajes imperativos. Sentirnos *mandados* nos molesta porque hace que tomemos conciencia de nuestra inferioridad ante otro ser que tiene la capacidad de dirigir nuestras acciones. Preferimos sentirnos en un plano de igualdad, capaces de llegar a acuerdos, a sentirnos meros títeres en las manos de alguien que nos obliga a hacer lo que le parece oportuno. ¡Y eso es así hasta cuando la persona que nos da las órdenes tiene en cuenta nuestras conveniencias, y nosotros lo sabemos! Y es que el problema con las órdenes no depende solo de cuál es su contenido, de si nos gusta más o menos lo que nos mandan, sino que —y esto resulta muy importante tomarlo en consideración, puesto que puede cambiar el talante de nuestras relaciones con los hijos— el problema viene del hecho que son órdenes; a saber, tienen una forma imperativa y, por consiguiente, nos hacen sentir sometidos al poder de otro.

El rechazo a las órdenes se acentúa a medida que crecemos. ¿Por qué? Pues porque crecer significa ganar autonomía, y la autonomía es el camino hacia la libertad. Contra más órdenes recibe una persona, menos autonomía tiene. Contra menos autonomía tiene, menos libre es y, por lo tanto, más pequeño es. El impulso de crecer, natural en cualquier niño sano, se ve frenado en aquellas familias en las que se dan demasiadas órdenes, y de ahí nace el conflicto.

Viendo la importancia de hacer cumplir lo que decimos y la resistencia que generan las órdenes, hay que encontrar maneras de acompañar a nuestros hijos para que puedan sentir que, cuando indicamos que hay que hacer algo:

- lo que decimos es sensato;
- respetamos sus necesidades y preferencias; y
- nos dirigimos a ellos con consideración.

Los apartados siguientes contienen un conjunto de propuestas para lograrlo.

¿Cómo podemos hacer cumplir lo que decimos?

Damos muchas órdenes que no se pueden hacer cumplir. ¿Quién no ha vivido alguna vez una situación de este tipo?

—Vamos, Carla, da un beso a la abuela.

—No hace falta.

—¡Sí hace falta! Con lo poco que venimos a verla... Dale un besito que tenemos que irnos.

—¡No quiero, mami!

Y ahora, ¿qué demonios hacemos si, ante la orden que le damos, la niña ha salido corriendo?

No todas las órdenes pueden hacerse cumplir. En un caso como el apuntado, por ejemplo, ¿existe alguna manera de obligar a Carla a dar un beso a la abuela que no sea amenazándola con una represalia? Diría que no, que no existe ninguna. Y amenazarla con una represalia es una técnica que implica imponer nuestro poder de una manera que desgasta y que, además, no ayuda en nada a la niña a encontrar el sentido a lo que se le indica.[9]

Los días tienen muchas horas, y son tantas las órdenes que damos que es muy difícil conseguir que se cumpla todo lo que ordenamos a los hijos al cabo de día. Por lo tanto, para evitar la desautorización, debemos dar órdenes que podamos hacer cumplir.

---

9. Si queremos que nuestra hija dé un beso a la abuela cuando la ve, es mejor optar por dos métodos distintos a la vez. El primero, ser cariñosos, nosotros mismos, con la mujer. El segundo, hablar con la hija de la importancia que tiene, para la abuela, que ella le demuestre su cariño. La conversación sobre el tema, eso sí, debemos mantenerla en un momento de calma y fuera de contexto, no en el momento en que pretendemos lograr el propósito, con la abuela a poca distancia y la resistencia de Carla perfectamente activada. Podemos hablar de ello, pongamos por caso, un sábado por la mañana mientras desayunamos, cuando falten todavía algunas horas o días para volver a visitar a la abuela.

Por eso, tenemos que intentar dar cuantas menos órdenes mejor. Como resulta tan importante hacer cumplir lo que decimos, y como si damos demasiadas será más fácil que muchas de ellas queden sin cumplir, una primera solución sería reducirlas tanto como nos sea posible. Tengamos en cuenta que, si bien es verdad que para que la casa y la familia vayan sobre ruedas hay que hacer muchas cosas a lo largo del día y que, si los padres no las mandamos a los hijos, estos se quedan de brazos cruzados, no es menos cierto tampoco que hay momentos en que formulamos órdenes cuando podríamos obtener las cosas de otro modo.

A continuación veremos algunas ideas para reducir el número de órdenes que damos y también para decir las cosas de tal manera que sea mucho más sencillo hacerlas cumplir. Según la naturaleza de cada ocasión deberemos elegir una fórmula u otra. Las propuestas que encontraréis son suficientemente variadas para que podáis dar con una que os resulte útil para cada momento.

No volvamos a decir nunca, pero nunca más, la frase «¿Tengo que repetirte las cosas tropecientas veces?». Tenemos que pensar que con esa afirmación estamos dando carta de naturaleza a la situación, ya que hacemos una descripción del hecho: constatamos que, en nuestra casa, las cosas son así, que, aunque estemos cansados y de lo más fastidiados, repetimos las órdenes muchas veces. No digamos tampoco frases del tipo «Te he dicho un montón de veces que dejes de golpear la mesa». Dicha frase constata nuestra impotencia, puesto que, si se lo hemos repetido tantas veces y el niño siempre ha hecho caso omiso, significa que nuestras palabras no tienen poder alguno para conseguir nuestro propósito. Con lo cual, ¿por qué debería hacernos caso esta vez? Cuando decimos cosas como esa, ponemos de manifiesto que estamos enfadados y es posible que el niño reaccione, pero lo hará porque nos verá desesperados por la frustración acumulada. Resulta inadmisible tener que repetir órdenes más allá de un par de veces, tres a lo sumo, la primera porque es inevitable y las demás para corregir la manera en que hemos dado la primera, si no funcionó.

No dar órdenes en vano

El primer modo de reducir el número de órdenes que damos es no ordenar nunca nada que no consideremos suficientemente importante para hacerlo cumplir. Tengamos la prevención de no ordenar nada que no sea necesario. Demos solo aquellas órdenes que sean verdaderamente imprescindibles.

Cuantas menos órdenes demos, menos posibilidades habrá que haya algunas que no se cumplan. No solo por una cuestión de probabilidad estadística, sino también porque para los niños y niñas tendrán más valor las órdenes si damos pocas que no si nos pasamos el día mandando una cosa tras otra.

Las órdenes innecesarias que damos los padres son muchas. Fijaos en ello cuando os encontréis en compañía de otras familias en una plaza pública, por ejemplo: «Pablo, préstale la pala al nene», «Ariadna, ¡no vayáis tan lejos!», «Óscar, ¡no juegues con el barro!». Cuando todas estas órdenes no se cumplen, no resulta nada habitual que alguno de los padres que las ha dado levante el culo del banco desde el que va dando un vistazo al escenario de juego mientras pega la hebra con otros padres o chatea por teléfono, con el objetivo de hacerlas cumplir. Y ello porque, más que órdenes sobre cuestiones importantes, son recomendaciones o peticiones. Todas ellas, pues, deberían ser formuladas como tales, y no como órdenes en imperativo, para evitar la sensación de que las órdenes puedan incumplirse sin que ello tenga consecuencias. Un consejo en este sentido es que, antes de decir a los hijos qué tienen que hacer y qué no, nos preguntemos si estamos dispuestos a levantarnos del banco para hacer que ellos cumplan lo ordenado. Si no lo estamos, entonces es preferible no decir nada.

A menudo decimos «¡No corras!» cuando el niño ya lleva treinta metros calle abajo. Es muy común que el niño o la niña siga corriendo, y que la persona mayor no haga nada para impedirlo —que no se le acerque y le obligue a pararse, vamos— porque, en el fondo, lo importante no es tanto que deje de correr como que tenga cuidado.

En casos como el que acabamos de ilustrar, es preciso ajustar bien nuestro mensaje a lo que deseamos que ocurra. No digamos, pues, «¡No corras!» cuando lo importante es que la criatura ande con cuidado. Digamos «¡Vigila!» o bien «¡Ten cuidado, que por ahí circulan coches!». Lo sustancial del caso es que el niño, por la cuenta que le trae, es más probable que ande con cuidado a que deje de correr, de modo que tenemos más posibilidades de que nos haga caso si le decimos que ande con tino que si le ordenamos que se pare. Habremos evitado la desautorización si sigue corriendo y habremos cumplido igualmente nuestro objetivo de advertirle sobre el peligro y recomendarle prudencia.

Proponer en vez de ordenar

Muchas órdenes pueden sustituirse por propuestas. De este modo, será mucho más fácil lograr nuestro objetivo de evitar que algunas se queden sin cumplir. Se trata de plantear lo que deseamos que hagan nuestros hijos no como imperativos que cumplir, sino como ideas que considerar. Así podremos conseguir actitudes que, como la del ejemplo del beso a la abuela, difícilmente se obtendrían por medio de órdenes. Para comprender el poder de esta fórmula, os sugiero que imaginéis la siguiente situación:

Domingo por la mañana. Os habéis levantado, en casa, con vuestra pareja. Anoche acordasteis que hoy, a media mañana, saldríais hacia las minas de sal de Cardona para seguir una visita guiada. Os habéis levantado bastante temprano, y vuestra pareja os dice:

—Como nos hemos levantado temprano, date prisa con el desayuno y en ponerte a punto: saldremos pronto y así, antes de la visita a las minas, podremos dar un paseo por Cardona e ir a ver el castillo.

Imaginaos ahora la misma situación (domingo por la mañana,

tenéis previsto ir a Cardona, es bastante temprano porque habéis madrugado), pero, en esta ocasión, vuestra pareja os dice:

—Ya que nos hemos levantado temprano, ¿qué te parece si salimos antes de casa para dar un paseo por Cardona? Y así quizás nos dé tiempo incluso para visitar el castillo.

Como puede apreciarse, la propuesta de nuestra pareja es la misma, pero... ¿en cuál de los dos casos os apetece más responder afirmativamente a la propuesta de partir antes de la hora prevista?

Generalmente, a todos suele gustarnos más que nos propongan algo a que nos lo ordenen. Tendemos más bien a recibir con interés los planes de los otros cuando se tiene en cuenta nuestra opinión que cuando se nos impele a hacer lo que ellos desean. Pasa lo mismo con los hijos. Pedir a un niño «¿Qué te parece si llamas a la abuela, que hoy ha ido al médico, y te preocupas por ella?» suele ser más efectivo que decirle «¡Llama a la abuela!». Y la efectividad —la posibilidad de que ocurra lo que nosotros queremos— no es la única ventaja de dicha fórmula. Hay dos más que también son importantes. La segunda ventaja es de orden práctico: en caso de que nuestro hijo responda con un no, de que no hay tu tía y no va a llamar a la abuela, no nos veremos desautorizados como padres porque no hemos dado una orden, sino que solo hemos lanzado una propuesta (propuesta que, como tal, podemos volver a formular en otro momento en idénticos términos). Más tarde, es posible que el niño ceda. A veces pensamos que hacemos las propuestas en el mejor momento, pero ignoramos que los niños tienen sus propios planes. Podría ocurrir, pongamos por caso, que hubiéramos propuesto llamar a la abuela justo al terminar de merendar, dando por hecho que, como el niño no está inmerso en ninguna actividad, le irá bien ponerse a ello (es decir, al teléfono). Sin embargo, quizás ignoramos que, en ese preciso instante, nuestro hijo ya ha hecho planes, ya pensó, por ejemplo: «A la que termine de merendar, me voy derecho a acabar la construcción que ayer tuve que dejar a medias». Una propuesta hecha en ese momento va a recibir una negativa, lo cual no debe confundirnos en absoluto. Lo probaremos en otra ocasión.

La tercera ventaja es de tipo educativo: cuando tenemos en cuenta a los hijos a la hora de pedirles algo a lo que no están necesariamente obligados, aunque esto no garantiza que cooperen de manera inmediata, les proporcionamos un modelo de comunicación basado en la consideración hacia las otras personas y las necesidades del momento. Poco a poco podrán imitar este modelo y utilizarlo ellos mismos con los demás.

En este sentido, en uno de los talleres para padres de «Educar sin gritar», una madre contaba que, tras adoptar ella con determinación el modelo «¿Qué te parece si...?» para invitar a su hija a actuar en un cierto sentido en muchas ocasiones, la niña se había acostumbrado a hacer lo mismo muy a menudo, hasta el punto de que a ella misma la desconcertaba cuando le decía, por ejemplo, «Mamá, ¿qué me dices si, como hoy me lo he comido todo sin rechistar, me permites acostarme más tarde?», y la madre tenía dificultades para negárselo. Al describirlo, la mujer se reía, como si su propia herramienta se le volviera en contra; pero reconocía, asimismo, que había enseñado a su hija una manera de comunicarse que podría serle de gran ayuda en su trato con los demás.

Volviendo al primer ejemplo, el de la efectividad, decirle a un niño «Llama a la abuela», de modo imperativo, como una orden que hay que cumplir, tiene un riesgo demasiado elevado de conducirnos a un conflicto en caso de que no lo quiera hacer. Porque, si se niega, ¿hay alguna forma de conseguir que nuestra orden se cumpla sin amenazas de por medio? No, ninguna. No podemos obligar a un niño a hablar por teléfono con la abuela si no está dispuesto a ello, a menos que impongamos nuestro poder haciéndole un chantaje potente, del tipo «O llamas a la abuela u hoy no tocas el ordenador». Si hacemos eso, nos instalaremos en la escena de un enfrentamiento en el que todos nos sentiremos bastante incómodos: nosotros, como padres, retados; y él, nuestro hijo, tratado con arbitrariedad. Tenemos todos los boletos para acabar tensos, lo mismo si ganamos y el niño llama como si perdemos y debemos imponer nuestro castigo. El modo de evitar que situaciones tan cotidianas como esa nos enfrenten y nos hagan perder los estribos consiste en utilizar la fórmula «¿Qué te parece si…?», siempre que queramos que nuestro hijo haga algo que no sea de obligado e inmediato cumplimiento. La fluidez que obtendremos de este modo en nuestras relaciones, sumada a las dos ventajas anteriormente descritas (evitar la desautorización y enseñar esta manera de ser considerado con los demás), son razones suficientemente importantes para acostumbrarnos a hablar a los niños de manera más propositiva que imperativa.

Informar como si se tratara de algo nuevo

Cuando deseemos cambiar determinada actitud, en el primer momento debemos actuar como si el niño o niña *no supiera* que lo que hace no debe hacerlo. El primer movimiento tiene que ser actuar así, aunque estemos convencidos de que sí lo sabe. Este punto resulta más importante de lo que parece, ya que a menudo, cuando nos dirigimos a ellos, ya damos por descontado que los niños deben ser conscientes de que lo que hacen molesta o es nocivo. Y entonces hablamos en un tono de reproche. ¿Quién no ha dicho, en alguna ocasión, algo como «¡Vaya hombre, no hagas tanto ruido que así no hay manera de concentrarse!» o bien «¡Parad de una vez por todas de dar tantos golpes, que al final los vecinos se van a quejar!»? En lugar de eso, es preciso que empecemos a explicar qué está pasando y cómo lo viven los demás o por qué es perjudicial, *como si los niños no tuviesen esa información.* Por lo tanto, iremos donde esté la criatura, nos agacharemos hasta ponernos a su altura, la miraremos a los ojos y se lo explicaremos con tranquilidad:

—Miguel, ahora mismo estoy ante el ordenador, escribiendo un texto importante. Si oigo tu voz, pierdo la concentración y podría darse la situación que el texto me saliera mal.

—Lupita, anoche Jaime se acostó muy tarde. Necesita descansar para encontrarse bien cuando se levante, y podría ser que, con los ruidos, se despertara y no pudiera seguir durmiendo.

—Marcos, los vecinos no se levantan tan temprano como nosotros. Si oyen el piano a las ocho de la mañana de un sábado, lo más probable es que eso les fastidie y vengan a quejarse a nuestra casa.

En caso de que lo que haga el niño no perjudique a otras personas pero sí a él mismo, hablaremos del mismo modo.

—Javi, es el tercer tazón de chocolate que te sirves. Si te lo comes, hoy habrás engullido demasiada sustancia dulce y excitante, lo que no resulta bueno para el cuerpo.

—Raquel, son las once pasadas y tienes aún la lámpara encendida para leer. Tienes solo ocho horas para descansar, que son las imprescindibles para estar a tope mañana.

Fijaos que la información que damos es verídica, concisa y clara. Así tiene que ser para que los hijos sientan que les hablamos de tú a tú, apelando a su responsabilidad y madurez.

A continuación es necesario que indiquemos qué es lo que hay que hacer. ¿Cómo podemos decirlo para que el mensaje sea efectivo?

Instrucciones en afirmativo

Un buen modo de hacerlo es decir qué hay que hacer en vez de qué no hay que hacer. Es bastante sencillo y requiere una primera etapa de práctica consciente, pero más adelante nos saldrá solo, sin esfuerzo ninguno. Veamos:

(A Miguel:) —Necesito que hables más bajo. (En vez de «No grites tanto».)

(A Lupita:) —Tienes que estar en silencio. (En vez de «No hagas ruido».)

(A Marcos:) —Toca el piano a partir de las diez. (En vez de «No toques ahora».)

(A Javi:) —Pon el tazón en el fregadero y lávate la cara. (En vez de «No te comas ese tercer tazón de chocolate».)

(A Raquel:) —Cuando hayas terminado esta página, échate y duerme. (En vez de «Deja de leer».)

¿Por qué resulta preferible hablar en afirmativo, explicando lo que hay que hacer en lugar de decir lo que no hay que hacer? Los niños siempre hacen más caso cuando podemos convertir su acción en otra y cuando saben qué se espera exactamente que hagan. Las indicaciones u órdenes dadas en afirmativo son más efectivas debido a que nuestro cerebro procesa mejor los verbos que el resto de partículas gramaticales. Cuando decimos «NO corras», por ejemplo, estamos hablando de correr. *Correr* es el verbo, la palabra más importante de la oración y, por tanto, la palabra más importante de lo que decimos. El *NO*, aun queriendo subrayarlo, queda en segundo término ante el potencial que tiene un verbo en nuestro cerebro. Si queremos un procesamiento más efectivo de una instrucción lingüística, es necesario que afirmemos el verbo, no que lo neguemos. Si decimos «Frena», por ejemplo, estamos indicando una acción —que equivale a no correr— y podrá ser procesada mejor.

El tono de voz y la actitud corporal también resultan importantes, tal como vimos anteriormente. Será aconsejable que hablemos con serenidad y suavidad, al mismo tiempo que con firmeza y seguridad.

Mensajes alentadores y positivos

Siempre que sea posible, debemos hablar de manera que lo que digamos provoque las ganas de hacer lo que hay que hacer. A todos nos pasa que nos gusta más que nos digan:

—Sería fantástico que a las nueve pudieras tener la cena lista.

A que nos digan lo siguiente:

—Prepara la cena de modo que esté lista a las nueve.

Preferimos tener que escuchar:

—Iría de maravilla que hoy llevaras a los niños a la clase de música.

A escuchar lo siguiente:

—Hoy lleva los niños a la clase de música.

¿No es cierto que manifestamos una distinta recepción de los mensajes según si son alentadores o imperativos? Todas esas frases que incluyen expresiones positivas, tales como «Iría de maravilla», nos provocan ganas de colaborar con la persona que nos pide algo. Por el contrario, las frases imperativas generan resistencia.

A nuestros hijos les pasa lo mismo, y, cuanto mayores son, mayor es su resistencia a las órdenes, puesto que, a medida que crecen, necesitan tener más sensación de autonomía y de respeto para con su libertad.

Muy cerca de los mensajes alentadores, están los positivos. Destacar qué tiene de bueno lo que vamos a hacer también resulta mucho más acertado que subrayar lo que nos ahorramos de negativo.

Pensemos, ahora, en nosotros mismos, los adultos. ¿Preferís que os digan:

—Si no tienes la precaución de llevarte todo lo que necesitas, tu misión será un fracaso.

O:

—Si tienes la precaución de llevarte todo lo que necesitas, será un éxito total?

La instrucción es exactamente la misma: esto es, hace falta no olvidar nada. Y, sin embargo, el modo de decirlo hace que nos sintamos mejor o peor.

Los niños y niñas lo viven exactamente igual. Para ellos, decir:

—Vamos a comprar el pan. Me encanta que vayamos juntos. ¡Venga!

Nada tiene que ver con:

—Venga, que hay que salir a por pan y no quiero ir solo.

Los mensajes alentadores y los positivos nos evitarán resistencias y conflictos y darán un tono más animoso a lo que deseamos que ocurra. Además, tienen otra ventaja importante: cambian nuestra propia percepción de la situación para volverla más optimista. Cuando decimos a los colegas, pongamos por caso, «Antes de irnos tendríamos que terminar el informe» damos una sensación de más agobio que si decimos «No nos queda más que terminar el informe, y nos vamos».

Esta actitud verbal resulta muy útil con los niños y niñas. No solo para lograr lo que nos proponemos que hagan, sino también (lo que es aún más importante) porque así les enseñamos un modo óptimo de comunicarse con los demás y consigo mismos. Comprobadlo: veréis que si practicáis con las personas de vuestro entorno vais a acostumbraros, hasta el punto de que internamente os dirigiréis a vosotros mismos en términos animosos.

Claridad para evitar malentendidos

Hay que dar mensajes inequívocos que no puedan ser interpretados de maneras distintas.

Cuando comunicamos algo, damos por hecho que el interlocutor lo interpretará en el sentido que nosotros pretendemos. ¡Nada más lejos de ello! El contexto, la estructura mental y la experiencia del que escucha puede modificar, incluso profundamente, el sentido de un mensaje. Hay infinidad de mensajes que son fruto de interpretaciones distintas, y no de diferencias de criterio o intereses contrapuestos. Imaginad, por ejemplo, que habéis invitado a cenar en vuestra casa a una pareja de amigos, y, llegado el momento, les pedís que se ocupen de poner la mesa. Vuestros amigos cogen los platos, los vasos, los cubiertos, las servilletas y lo llevan todo a la mesa del comedor. A continuación, ponen un plato delante de cada silla, un vaso acompañando a cada plato, y disponen los cubiertos y servilletas amontonados en el centro de la mesa. Cuando os dais cuenta, se os ocurre que no han acabado de poner la mesa. Una vez están ya fuera, comentáis el detalle con vuestra pareja. Entre los dos, llegáis a la conclusión de que no les habrá parecido correcto que les pidierais que pusieran la mesa —¡a ellos, los invitados!—, y que lo han demostrado dejando el encargo a medio cumplir.

Sin embargo, la historia no termina ahí. Al cabo de unos días son esos mismos amigos los que os invitan a vosotros a cenar en su casa. Mientras ultiman los pormenores de la cena y tomáis con ellos una copa en la cocina, os ofrecéis para poner la mesa. La respuesta es:

—No hace falta, ya está puesta.

Vosotros os lanzáis una mirada fugaz que significa «¡Vaya, acertamos: consideran que también nosotros deberíamos haber puesto la mesa en lugar de encargárselo a ellos!».

Al cabo de unos minutos, os dirigís al salón y... ¡sorpresa! Han puesto la mesa exactamente igual a como lo hicieron en vuestra casa: en el centro, el montoncito de cubiertos y servilletas, del que cada cual va a tomar los suyos.

Solo entonces os dais cuenta de vuestra interpretación errónea: no todas las familias tienen el mismo concepto de *poner la mesa*.

Podemos evitarnos muchas molestias e incluso conflictos con nuestros hijos si somos claros y precisos al utilizar los conceptos. Cuando mandemos ordenar la habitación, por ejemplo, haremos bien en no decir solo: «Pedro, ordena tu habitación». Si lo hacemos así, puede pasar que, al rato, Pedro esté jugando tranquilamente en el balcón y, en su habitación, la cama aún esté por hacer. Entonces es probable que sintamos un conato de indignación, que vayamos al encuentro de Pedro y le soltemos un:

—¡Te dije que ordenaras tu habitación, y la cama sigue deshecha! Además, apilaste el montón de juguetes en el armario, ¡de tan mala manera que, al abrir la puerta, se nos van a venir encima!

Pedro, sorprendido e incluso hasta indignado, podría responder de esta guisa:

—¡Tú me dijiste que ordenara la habitación, no que hiciera la cama!

A partir de este momento, la previsible charla puede ir por aquí:

—Si te digo que ordenes tu habitación, ¡se entiende que tienes que hacerte la cama!

—¿Por qué? ¡Una cosa es ordenar y otra distinta hacer la cama! Yo he hecho lo que tú me dijiste.

Así las cosas, ya habremos perdido la tan preciada tranquilidad, que tanto nos va a costar recuperar.

Con unas instrucciones diáfanas y precisas, podemos ahorrarnos momentos como los descritos. Digamos, por ejemplo, sencilla y llanamente:

—Pedro, ordena tu habitación. Es decir, todos esos juguetes desparramados por el suelo, ponlos bien colocaditos en el armario y después hazte la cama.

Obrando así, en caso de que alguna de las instrucciones no se cumpla podremos decir con tranquilidad: «Te dije que hicieras la cama», y podremos ahorrarnos alguna que otra discusión debida a una interpretación distinta (¡interesadamente distinta o no!). Supongamos que Pedro se resiste: entonces deberemos recurrir a alguna de les herramientas que ya conocemos de páginas anteriores. Podemos hacer, por ejemplo, un planteamiento en forma de propuesta, en este caso bajo la fórmula «¿Qué te parece si te haces la cama ahora mismo y así te olvidas del tema, y, cuando termines, me enseñas lo que estás preparando?». O podemos plantear, incluso, una elección bajo la fórmula «¿Qué prefieres: hacerte la cama ahora mismo, tal como está, o cambiar las sábanas más tarde, aprovechando que las limpias ya se habrán secado y de este modo no habrá que doblarlas?».

Instrucciones de una en una

No hay que dar más de una o, todo lo más, dos indicaciones en cada momento. A veces nuestros hijos no hacen lo que les pedimos por la sencilla razón de que no lo procesan mentalmente. Debido a nuestro ritmo de vida, puede muy bien darse que soltemos una retahíla de órdenes del tipo:

—¡Envuelve el bocata, cepíllate los dientes y péinate, coge la mochila que está en la mesita, ponte la chaqueta que abriga más y espérame en el rellano!

Con algo de suerte, conseguiremos que el niño envuelva su bocadillo, se peine, se ponga la chaqueta que mejor le parezca y nos aguarde en el rellano. Cuanto más pequeño sea el niño, menos órdenes podrá procesar si se las damos seguidas. Por lo tanto, con el noble objetivo de evitarnos la frustración de ver que lo que era preciso hacer no se hizo, tenemos que dar las órdenes de una en una (o, como mucho, de dos en dos).

Celebrar para reforzar

Recordemos que siempre hay que celebrar lo que va bien para reforzarlo en nuevas ocasiones.

Muchas veces, muchísimas, los niños y niñas hacen lo que les ordenamos sin problemas. Lo que pasa es que nos fijamos mucho más en las ocasiones en que ocurre lo contrario, porque es cuando toca arremangarse para corregir su actitud. Si nos fijamos también en todas esas ocasiones en que nos hacen caso, podremos subrayarlas y así consolidar las actitudes adecuadas. Podemos decir, por ejemplo:

—La ropa ordenada en sus cajones correspondientes… ¡Muy bien, Charito!

—Limpito, vestido y peinado en menos de quince minutos… ¡Eres un fenómeno, Nando!

—¡La abuela estaba feliz como unas pascuas de que la hayas llamado para saber qué tal está! ¡Y yo también!

Cuando reciben mensajes de esta guisa, los niños se sienten reconocidos y valorados, y así es exactamente como quieren sentirse (igual que los mayores, por otro lado). Por todo ello, este tipo de frases no solo refuerzan su autoestima, sino que facilitan que las conductas se repitan.

Ser comprensivos

Entender el esfuerzo que supone algo y acompañar al niño en ese esfuerzo nos convierte en buenos compañeros del viaje de crecer.

Ponernos en el lugar de los niños y niñas es un ejercicio muy útil para tratar de decidir cómo dar órdenes, porque cuando lo hacemos siempre resultamos más cercanos, amables y efectivos. Veamos a continuación algunos momentos del día a día en que la comprensión se nos antoja de gran ayuda en aras de la fluidez del momento.

Cuando es preciso dejar una cosa para emprender otra

Cuando queramos interrumpir una actividad de nuestro hijo, seamos tan empáticos como nos gusta que los demás lo sean con nosotros mismos.

En ocasiones, cuando realizamos una actividad que nos gusta y es necesario abandonarla porque algo más perentorio reclama nuestra atención, nos sentimos contrariados. ¿Quién de nosotros no se ha visto interrumpido alguna vez por algún miembro de la familia que pretendía que hiciésemos otra cosa cuando estábamos en el ordenador, por ejemplo?

Cuanto más respetuosos seamos en el momento de hacer la interrupción para indicar a un niño que abandone lo que tiene entre manos para ponerse a hacer otra cosa, menos resistencia encontraremos y mejor ejemplo daremos.

¿Cuál es el mejor modo de hacerlo? A continuación, sugerimos cómo, en cuatro pasos:

Ante todo, pongámonos al lado del niño e interesémonos por lo que hace.

—Eloy, veo que estás construyendo la muralla del castillo...

Acto seguido, démosle un tiempecito para que responda e interesémonos en su respuesta.

—Sí, la hago muy alta porque el castillo estaba en un sitio muy desprotegido...

—Ya veo, ya... Estás asegurando una buena defensa.

A continuación, advirtámosle del cambio que hay que hacer:

—Dentro de nada, será la hora de cenar, y es necesario que pongas la mesa.

Y, finalmente, démosle algo de tiempo:

—La cena estará preparada en diez minutos. ¿Quieres venir ahora mismo o prefieres que te avise dentro de cinco minutos?

Cuando tengamos que irnos a algún sitio, lo mejor será avisar de ello con una pequeña anticipación:

—Javi, dentro de diez minutos nos iremos para casa.

Cuando se hayan agotado los diez minutos, indicaremos que es la hora de partir.

—Hala, vamos.

Para nada hay que decirlo como si se tratara de un regateo o de un toma y daca. Por lo tanto, nada de:

—Venga, Javi, que nos vamos, eh, que ya hace mucho rato que estamos en el parque.

Si lo hacemos así, Javi intentará alargar el rato de juego. Por el contrario, si anunciamos sencillamente lo que ocurre ahora, si decimos simple y llanamente «Nos vamos», y, a continuación, recogemos nuestras cosas y ahuecamos el ala, el niño caerá en la cuenta de que nuestra posición no admite réplica. Veréis que es muy sencillo. Solo hay que estar plenamente convencidos de que no vamos a demorarnos ni dos minutos, y decirlo en el tono de quien sabe que no hay negociación posible.

A la hora de recoger

Un caso en el que suele ser muy complicado que los niños y niñas cumplan las órdenes de los padres llega cuando se trata de recoger los juguetes que utilizan. Para lograrlo, disponemos de varias estrategias. Hay quien, en el más puro estilo conductista, hace que los niños asocien una musiquilla con el momento de recoger. Esta fórmula tiene éxito si empezamos a aplicarla cuando los niños son muy pequeños, pero disminuyen las probabilidades de éxito a medida que van creciendo.

Si tenemos un horario que nos organiza las actividades familiares, también puede colocarse esa actividad en la parrilla, como una más en la planificación familiar. Puede ser una actividad diaria o semanal, según las necesidades de orden de cada familia.

Otra posibilidad consiste en poner un aviso electrónico y acordar que, cuando suene la alarma, el niño empezará a recoger. Es más fácil que haga caso si puede escoger el momento o el tono de la alarma que si no ha tenido nada que ver con la decisión.

Teniendo en cuenta que a muchos niños y niñas les da una tremenda pereza recoger los juguetes, podemos echarles una mano o, cuando menos, hacerles compañía mientras lo hacen. De este modo, ese rato se les hace un tanto más llevadero y, lo más importante, empieza cuando realmente necesitamos que empiece.

Cuando hay que cepillarse los dientes

Otro momento crítico... ¡Menudo es! En muchos hogares, se oye la expresión «¡Cepíllate los dientes!» más de tres veces en el ínterin entre la cena terminada y la hora de acostarse. ¿Cómo podemos ahorrarnos tan cansina insistencia? (cansina para nosotros, pero también para ellos). Una posibilidad es convertir dicho momento solitario y relativamente aburrido en otro de compañía y lúdico. Una manera de hacerlo es cepillarnos los dientes a la vez, justo al terminar la hora de la cena. Para hacerlo así, claro está, debemos haber cenado juntos. Es la opción más adecuada. Si no logramos reunir a toda la familia, por lo menos deberíamos procurar que cada niño cene con un adulto, que será quien, llegado el momento, acompañará al pequeño para cepillarse los dientes juntos. Es una manera de dar ejemplo y de transformar el momento.

Dejar escoger entre algunas opciones

Dejar escoger es una estrategia que también ayuda a lograr que un hijo haga «lo que hay que hacer en un determinado momento» sin problemas. Siempre que sea posible, plantead a vuestro hijo un número limitado de opciones, pero planteadle algunas.

A todos nos gusta tener derecho a decidir. Los niños y niñas no son ninguna excepción. Supongamos, por ejemplo, que se trata de vestirse para una ocasión especial. Nuestro hijo no tiene la menor intención de ponerse la ropa que pensamos que sería idónea para la ocasión. Si los padres queremos conseguir como sea que el niño se ponga la ropa que hemos previsto, podemos encontrarnos con un obstáculo que retrase la hora de salida de casa. En vez de eso —que, por otro lado, no resulta tan importante como para convertirlo en un tema de conflicto— podemos utilizar la estrategia de dejar escoger entre varias opciones y, de este modo, superar el obstáculo con deportividad y sin que ninguna de las partes, ni hijos ni padres, tengan que ver sus prerrogativas pisoteadas. Veamos: si nos parece conveniente que el niño se ponga manga larga, sacamos del armario tres camisetas de manga larga y le preguntamos cuál de ellas prefiere. Mejor ofrecerle tres a ofrecerle solo dos. No debemos ver ese gesto como una cesión de la autoridad, sino como una cuestión de respeto a la necesidad de nuestro hijo de empezar a definir su personalidad mediante elecciones sencillas.

Otro caso en el que dejar escoger resulta muy conveniente tiene lugar durante las comidas y los problemas derivados de ellas. Un tema que, de tan habitual, merece mención aparte.

Las comidas

—¡Cómetelo todo!

—Hasta que no te lo hayas terminado todo, no te levantarás de la mesa.

—Si quieres las croquetas, debes comerte también la lechuga.

—Si no te lo acabas, te quedas sin postre.

—Lo que no te acabes durante la comida, te lo vas a comer en la merienda.

Las frases apuntadas forman parte de escenas de conflicto entre padres e hijos en las horas de las comidas. Son estrategias que los padres ponen en práctica para lograr que sus hijos se alimenten adecuadamente.

En los talleres de «Educar sin gritar», muchos padres y madres describen esos momentos como tensos y desgastadores. En muchos casos, cuando un niño se resiste a comer lo que su padre le ordena, la crispación va creciendo hasta que se llega a la amenaza. Y, si no es así, la comida se eterniza hasta que todos nos sentimos cansados y derrotados. Con lo cual el tiempo de las comidas resulta problemático y desagradable en vez de ser un tiempo placentero para compartir y conversar.

En ocasiones, ciertas familias adaptan los menús al gusto del consumidor infantil: para evitarse rechazos y discusiones, no ponen en la mesa más que alimentos preparados con el objetivo de que los críos no frunzan el ceño. Sin embargo, los padres que actúan así se sienten fracasados aun cuando evitan el conflicto explícito: de entrada, han desistido de intentar una alimentación variada.

Empecemos por el primer elemento del problema: hay muchos niños a los que les gusta una cantidad muy limitada de alimentos... o de platos. «No le apetece nada. Si de él dependiera, solo comería espaguetis y carne con patatas», decimos. Sobre eso, hay que decir que el paladar evoluciona y se amplía. Muchos recordaremos que, de pequeños, había cosas que no nos gustaban, y que, con el tiempo, el paladar nos ha cambiado. Obviamente para que eso ocurra hay que dar oportunidades a la cata de nuevos alimentos. Periódicamente debemos comprobar si alguno de estos ya nos gusta. Es exactamente lo que debemos explicar a nuestros hijos: «¿Pero de verdad aún no te gustan los guisantes? Bien, no es ningún problema, necesitas algo más de tiempo para acostumbrarte a su sabor». Cuando charlamos con otros adultos sentados a una mesa podemos comentar entre nosotros que «los guisantes, a Jaime, todavía no le gustan», en vez de decir «a Jaime no le gustan los guisantes». De este modo, transmitiremos la idea de que el gusto es cambiante y que lo que hoy nos parece desagradable acaso mañana ya no nos lo parecerá tanto.

El segundo elemento del problema es qué cantidad hay que comer de lo que no apetece. Pues bien, lo que hay que hacer es no perder de vista el objetivo —a saber: que, poco a poco, el niño se acostumbre a comer cierto alimento o cierta preparación— y dar pequeñas oportunidades al paladar para que se vaya adaptando a los nuevos sabores.

—Jaime, una cucharada de guisantes ahora hará que, más adelante, te parezcan riquísimos.

Es importante trabajar bien este punto desde la afinación del diálogo. No es lo mismo decir:

—Tienes que comer una cucharada de guisantes para irte acostumbrando.

Que decir:

—Una cucharada de guisantes ahora ayudará a que, más adelante, te parezcan riquísimos. De todas formas, como entiendo que de momento no te gustan, decide tú cuán grande quieres que sea la cucharada.

Llevamos a la mesa un cucharón, una cuchara sopera, otra de postre y una cucharita de café. Jaime, probablemente, se servirá una cucharadita de café llena de guisantes. En este caso, tenemos dos opciones (una mala y otra buena). La errónea es decir al niño:

—Hombreee, ¿tan pocos guisantes?

Lo más respetuoso e indicado —ya que no hay que olvidar que lo que queremos es que, poco a poco, el niño se acostumbre a comer guisantes con normalidad— sería decir:

—Vaya, esta vez son muy poquiiiitos guisantes. Quizás otro día ya conseguirás que sean unos pocos más.

Fijaos en el matiz: *tú* conseguirás comer unos pocos más, no *yo* conseguiré que comas unos pocos más. El reto de comer más y mejor es de Jaime, no del padre o de la madre (y es que los niños «comen» o «no comen», no «nos comen» o «no nos comen». Los niños y niñas hacen lo que hacen para sí mismos, no para nosotros. Si, en tanto que padre, no sabemos vivirlo así, y utilizamos expresiones como «No me come», estamos convirtiendo una actitud de nuestro hijo en un tema personal, y vamos a vivirlo como si se tratara de un desafío a superar).

Llegados a este punto, la comida debe proseguir con alegría, en un buen ambiente. Es muy importante que las comidas compartidas sean momentos agradables para todos. Para nosotros, porque sentarse a la mesa es una buena ocasión para el descanso, porque comer es un placer y porque compartimos las vivencias del día con la familia; para los niños, porque son momentos de descubrimiento y de socialización; y para unos y otros, porque son momentos de encuentro para disfrutar de la gente que hemos escogido tener a nuestro alrededor.

¿Cómo hacer de las comidas un momento agradable?

En primer lugar, hay que intentar encontrar la manera de estar juntos en las comidas. Hay niños y niñas que comen solos, antes que los padres, por motivos de organización familiar. Si no puede hacerse de otro modo, es bueno que por lo menos tengan a un adulto sentado con ellos a la mesa. El mero hecho de compartir el rato y conversar ya resulta valioso. Pero, a poder ser, desde pequeños resulta importante realizar cuando menos una comida juntos: el desayuno, para hablar sobre el día que nos espera; o acaso la comida, para discurrir sobre todo aquello en lo que estamos inmersos; o, por qué no, la cena, para poder revisar la jornada y compartir con los nuestros toda suerte de anécdotas. Podríamos pensar que, cuando los niños son muy pequeños, no es importante que compartan mesa y mantel con los padres. Nada más de lejos de la realidad, el hecho de encontrarse acompañados en la mesa y el de observar cómo comen y hablan los mayores resulta importante desde la más tierna edad.

Damos por supuesto que la televisión no debe estar presente en las horas de las comidas en familia. Por un lado, porque cuando está encendida se convierte en un elemento en el que centrar la atención, y así pierde interés la conversación que podamos mantener con los que están a nuestro alrededor. Por el otro, porque los contenidos que suelen amenizar las comidas no resultan aptos para niños y niñas a menos que se acompañen de una atención muy particular de los adultos, que van a ayudar a descifrarlos y a procesarlos emocionalmente (y, aun así, hay contenidos que hay que evitar a toda costa hasta la adolescencia). Y, finalmente, porque para disfrutar de esos ratos y educar a los niños sobre la comida hay que centrar la atención en la propia comida.

Por lo que respecta a los teléfonos móviles: ¡lejos de la mesa! Los padres no tienen que consultarlos salvo si se trata de una cuestión de vida o muerte (que es mucho decir), para dar, con ello, ejemplo. Cabe recordar que los hijos no hacen (o no quieren hacer) lo que les decimos que hay que hacer, sino lo que ven que hacemos nosotros.

Además de las comidas en familia, para lograr un buen ambiente es importante haber previsto las dificultades que tendremos con el menú. Si Carlos odia las espinacas y topa con ellas en la mesa sin previo aviso, la situación será más problemática que si se ha podido hacer una idea de lo que le aguarda. ¿Cómo podemos anunciarle que hoy vamos a comer hojas de color verde oscuro sin ganarnos un motín en forma de frases tales como «¡Yo no pienso probarlas!»? Una buena manera es la siguiente:

—Carlos, para la cena hoy he preparado, entre otras cosas, espinacas. Ya sé que no te gustan, por lo que solo hace falta que comas un poco y podrás comer más pan tostado / tomate aliñado / garbanzos / pollo rebozado (¡o lo que le apetezca! No os olvidéis de hacer algo que *sí* guste a vuestro hijo y que pueda «compensar» el esfuerzo de las espinacas).

Otra idea para tener una cena en paz es no servir directamente la comida en los platos. En lugar de eso, llevad a la mesa fuentes con la comida: la de la ensalada, la de la pasta, la de la verdura, la de la carne... Una vez sentados, invitad a cada cual a servirse en su propio plato «un poco de cada cosa». Esa debe ser la consigna, la única. Un *poco de cada cosa* no significa que haya que comer una determinada cantidad de cada cosa, sino que con una muestra basta. Recordémoslo: el objetivo no es que hoy el niño siga una dieta perfecta; el objetivo es que la siga paso a paso, y que su paladar vaya acostumbrándose, poco a poco, a los nuevos alimentos.

Resulta igualmente interesante servir un mismo alimento con dos preparaciones distintas: alcachofas asadas y tortilla de alcachofas; espinacas a la catalana y tortilla de espinacas; humus y ensalada de garbanzos... De este modo, los niños pueden elegir entre dos opciones y es posible que descubran que una de las dos les gusta más que la otra. Así lograremos que coman el alimento de ambas preparaciones, y que en vez de decir «Los garbanzos no me gustan», puedan decir «Los garbanzos me gustan más cuando están en el humus». Así van ampliando su dieta y el espectro de su paladar. En todo caso, es preciso que la comida incluya también algún otro elemento que sea, con toda seguridad, del gusto del niño (en menor cantidad, si ya hicimos la doble preparación de un alimento importante).

La conversación

Y, una vez sentados a la mesa en las condiciones propicias y en buena armonía, ¿hay alguna manera de evitar que los intentos de diálogo con nuestros hijos se den de bruces contra una pared como la que sigue?:

—¿Cómo ha ido hoy por la escuela?

—Bien.

—¿Qué hicisteis?

—No me acuerdo.

—¿Nooo? Hala, no puede ser. Haz un poquitín de memoria.

—... lengua, mates, recreo, inglés, y, después de comer, naturales y música.

—Ajá. ¿Y todo bien?

—Todo bien.

La respuesta a la pregunta anteriormente formulada es sí: sí hay algunas maneras de generar conversaciones más interesantes y enriquecedoras.

Probad a hablarle de vuestro día. Cualquier adulto puede tomar la palabra.

—Esta mañana había un atasco a causa de un accidente de tráfico, he llegado con diez minutos de retraso al trabajo y, cuando ya estaba allí, había comenzado una reunión en la que debía tomar parte. He contado lo que había sucedido y me han hecho un resumen de lo que habían dicho. A la hora de la comida fui con Pili a un restaurante de menús, y un camarero muy simpático se ha sentado con nosotros a tomar un café. Nos ha explicado que hoy era su último día de trabajo en el restaurante, ¡y que se va a vivir a un pueblecito del Guadarrama con su familia! La tarde estuvo tranquila, he podido terminar un par de cosas que tenía empezadas desde hacía tiempo y he salido temprano. Marcos me ha pedido que le acompañara a recoger a su hija en coche, porque no se encontraba bien... Vive en un barrio muy verde, lleno de árboles que dan sombra a sus calles.

A continuación, aguardad. Si hay por ahí algún otro adulto, puede hacer preguntas o resumir su propia jornada.

Después es posible que no haga falta preguntar nada más a los niños para que, tras haber oído vuestro relato, sea más fácil que deseen participar en la charla hablando de sí mismos espontáneamente, sin preguntas dirigidas.

En cualquier caso, si queremos preguntarles cómo les ha ido todo, por ejemplo, hagámoslo con preguntas abiertas. Las preguntas cerradas son las que pueden responderse con una simple afirmación o negación, y hay que evitarlas; se trata de preguntas del tipo:

—¿Ha ido bien el día?

—¿Asistió hoy la tutora a la clase?

—¿Has visto a los abuelos, esta tarde?

Las preguntas abiertas son las que dan al interrogado la posibilidad de responder ampliamente, en lugar de hacerlo con un sí o un no. Si deseamos una respuesta amplia, es necesario que la pregunta inicial sea lo más abierta posible. Un ejemplo:

—¿Qué cosas interesantes te han pasado hoy en la escuela?

Si, aun así, obtenemos monosílabos por toda respuesta —algo así como «Ninguna»—, podemos seguir hablando de nosotros, porque acaso al niño o niña no le apetece hablar en ese momento, o podemos pedir detalles concretos:

—¿Cómo os habéis organizado para hacer los grupos para el proyecto sobre el cuerpo humano?

Fijaos que para hacer ese tipo de preguntas hay que estar al caso de los asuntos escolares. Inicialmente pueden ayudaros en ello las charlas con los maestros, gracias a las cuales, a los pocos días, ya estaréis preparados para preguntar sobre detalles muy concretos a partir de lo que iréis conociendo de los días anteriores.

También suele resultar positivo estructurar conversaciones a partir de una pregunta que debamos responder todos los que compartimos mesa. Podemos proponer, pongamos por caso, como si tratara de un juego, que cada cual tenga que decir qué es lo mejor que le ha pasado ese día. ¿Y lo más gracioso? ¿Y lo más raro? Las respuestas pondrán sobre la mesa interesantes informaciones y anécdotas que compartir.

Vemos, pues, que ser comprensivos, dejar escoger y hacernos compañía mutuamente, en el modo en que lo hemos propuesto, son fórmulas para hacer de las comidas momentos enriquecedores y agradables para todos.

Premiar y castigar

Hemos visto un conjunto de medios que pueden ayudarnos a hacer cumplir lo que decimos. Pero no hemos dicho nada de dos instrumentos creados *ad hoc* para conseguir estimular y extinguir conductas: los premios y los castigos. A continuación, vamos a referirnos a ellos.

Cuando tratábamos sobre la educación de la responsabilidad, insistimos mucho en la importancia de ofrecer a los hijos la posibilidad de experimentar las consecuencias de sus decisiones, disfrutando de las ventajas y soportando los perjuicios que se deriven de ellas. Asimismo hemos dicho que podemos reforzar las actitudes adecuadas destacando los beneficios, y que podemos apuntalar las conductas positivas celebrándolas. En ningún momento hemos hablado de premiar a los niños por haber hecho lo que los padres pretendemos que hagan.

¿Significa eso que nunca debemos premiar una conducta, sino que, a lo sumo, debemos limitarnos a celebrarla? ¿O existe alguna ocasión en que resulte indicado dar un premio? La respuesta es sencilla: vamos a premiar siempre que nos parezca bien aquellas actuaciones de los niños que sean fruto de ideas propias con el objetivo de hacer feliz a alguien y tengan un resultado exitoso. Podemos decir, por ejemplo:

—¡Qué sorpresa! ¡Has arrancado los hierbajos de las fresas! ¡Y no ha quedado ni uno solo! ¡Estoy tan contenta que voy a darte un premio!

Ese premio tiene dos características importantes:

• Deriva de una acción no ordenada por un adulto y no prescrita en el conjunto de responsabilidades del niño.

• Deriva de una acción que no tiene el objetivo de conseguir una recompensa.

Pero las conductas que se ajustan a las expectativas no deben ser premiadas, sino, en todo caso, celebradas. Y, si estamos dispuestos a ofrecer una recompensa a cambio de ciertas tareas, entonces dicha recompensa debe anunciarse previamente y todos tenemos que tener muy claro que es una parte del intercambio: a cambio de una tarea, una remuneración.

Vale la pena señalar como «caso especial» el del rendimiento escolar. Algunas familias estimulan a los niños para que saquen buenas notas prometiéndoles regalos. Se trata de la manida bicicleta o de cualquier otro premio si aprueban todas las asignaturas, o si sacan determinadas notas. No es una buena idea, por dos razones.

La primera, porque los niños situarán el objetivo de estudiar en el premio; esto es, estudiarán para conseguir la bici, o lo que sea, y no para encontrar sentido y dar valor al estudio por sí mismo, por los aprendizajes que conlleva.[10]

Y la segunda razón por la que no resulta una buena idea estimular el esfuerzo en la escuela con un premio es que los hijos deben aprender que, del mismo modo que los padres y madres hacemos cuanto podemos para cumplir con nuestras responsabilidades de la mejor manera posible, también ellos tienen que hacerlo. Así como los adultos nos esforzamos por cumplir con nuestras obligaciones con diligencia y no a medias, también los niños y niñas deben esforzarse a cumplir con sus deberes. Uno de los más importantes, es aprovechar el tiempo que pasan en la escuela intentando sacar el máximo rendimiento posible. Lo cual no significa, ¡faltaría más!, que no debamos considerar unos buenos resultados a final de curso como algo digno de ser celebrado y elogiado. Como apuntábamos más arriba, siempre tenemos que celebrar las conductas positivas para reforzarlas. En caso de que nuestro hijo asista a una escuela donde ponen notas, si son buenas o mejores que las anteriores, una frase como «¡Qué bien lo has hecho! ¡Está claro que te has esforzado de lo lindo y que los maestros han podido comprobarlo! ¡Felicidades, estamos muy contentos de tu trabajo!» resulta una celebración adecuada.

Por otro lado, los castigos son el gran instrumento tradicional para evitar conductas indeseables. Se trata de imposiciones exter-

---

10. El hecho de poner notas a los alumnos comporta idéntico mal. Muchos alumnos estudian no por el interés que, en sí mismos, muestran los conocimientos, sino para ser calificados con buenas notas. El objetivo de sus esfuerzos no son los aprendizajes, sino las buenas calificaciones. Si queremos recuperar el valor de trabajar para aprender, hay que eliminar el sistema de notas a los alumnos. O, como propuesta a medio camino, las escuelas podrían mandar a las familias las calificaciones sin que los niños las conocieran. Dichas calificaciones, por lo tanto, deben salir de una evaluación cualitativa continuada y no de exámenes o «controles».

nas para sancionar una actitud, que no es necesario que tengan nada que ver con la conducta que los motivó. El castigo por haber pintado las paredes del pasillo con lápices de colores, supongamos, podría consistir en pasar un día entero sin jugar al ordenador. O estropear un melón que acabamos de comprar jugueteando con un cuchillo, por ejemplo, podría comportar el castigo de quedarse sin mirar la televisión.

Los castigos muestran dos graves problemas. En cuanto al primero, coincide con los premios: no contribuyen a ver el sentido de algo. El segundo problema es que provocan sentimientos de sumisión y resentimiento, ambos muy poco edificantes. ¿Qué podemos hacer para educar sin gritar —ni castigar— cuando un niño hace algo inadecuado?

En primer lugar, debemos distinguir si sabía que no tenía que hacer lo que hizo o no lo sabía. La distinción entre lo uno y lo otro parecerá demasiado básica, pero hay momentos en los que los mayores damos por descontado que un niño tiene claro lo que se espera de él, y no es exactamente así; o bien tiene claro lo que se espera de él pero no sabe hasta qué punto aquello es importante. Por lo tanto, primero hay que resolver si sabía o no qué era lo más adecuado y la importancia que ello tenía. Si no lo sabía, debemos explicarle con tranquilidad por qué no tiene que hacer algo y advertirle seriamente que es necesario no volver a hacerlo (véanse los apartados «Informar como si se tratara de algo nuevo» y «Cómo hablar seriamente»).

El auténtico reto, y el que hace que nos planteemos la opción del castigo, llega cuando el niño o niña hace algo que sabía de antemano que no debía hacer, porque no le estaba permitido, porque vulneraba un pacto que habíamos hecho o porque causaba alguna molestia. En este caso, en vez de imponer una sanción que nada tenga que ver con el sentido de la situación, en vez de castigar, tenemos tres opciones interesantes. Las tres deben ir precedidas de una frase que exprese nítidamente nuestra disconformidad respecto a lo que ha ocurrido. Hace falta que lo digamos muy seriamente, con claridad y contundencia, y que añadamos también la expresión del sentimiento que nos provoca su conducta. Algunos ejemplos de esta expresión de disconformidad pueden ser:

—Olga, no me gustó nada que tirases a Berta vestida a la piscina. Estoy muy disgustada por todo lo que eso comporta. En primer lugar, a ella no le hizo ninguna gracia, y además ahora tenemos que volver a casa para que se cambie de ropa. Presta mucha atención: en este momento estoy muy, pero que muy enfadada.

—Paula, hiciste muy mal en dejar la mochila a medio camino. Sabes que además de tus cosas, dentro llevabas también el desayuno de tu primo. Ahora mismo estoy muy molesta contigo por lo que ha ocurrido, porque siento que no has tenido ninguna consideración para con él cuando tomaste tal decisión.

—Quique, estoy muy decepcionado por cómo ha quedado la cocina tras la merienda con tus amigos. Tanto, en realidad, que me entran ganas de prohibir que celebréis ninguna más.

Una vez manifestada la disconformidad con lo que ha ocurrido, junto con nuestra emoción asociada, las tres opciones son:

1. Hacer reparar la situación

Si el pasillo está pintado con lápices de colores, habrá que borrar las señales, lo cual puede suponer un gran esfuerzo, que el niño debe realizar. A veces será necesario ayudarle, proporcionándole los medios para arreglar el desaguisado o enseñándole cómo hacerlo. Lo importante es que él realice una parte significativa del esfuerzo necesario para repararlo. Algunas situaciones podrían requerir dinero para ser reparadas. Tiene que ser un dinero propio del niño o niña. Siempre que sea posible, reparar es la mejor opción.

2. Compensar el daño causado

Si no es posible reparar el perjuicio, la segunda opción es compensarlo. Para llevarlo a cabo, lo mejor es preguntar al niño cómo le parece que puede compensar lo que ha hecho. Si causó algún perjuicio a alguien, acaso puede pensar en la manera de beneficiar a aquella persona. Si, por ejemplo, hurtó un puñado de cerezas de una campesina que las llevaba en su cesta y se las zampó, quizás pueda prepararle una limonada y ofrecérsela. Siempre es necesario que cuente a la persona lo que ha ocurrido, que pida disculpas por ello y le brinde una posible compensación. La otra persona aceptará o no. Nosotros, los padres, podemos acompañar a nuestro hijo si él lo prefiere. Nos quedaremos a su lado para ayudarle en sus explicaciones.

Una charla cuyo objetivo es que el niño entienda y pueda compensar el perjuicio de la acción podría desarrollarse así:

—Carla, has robado un puñado de cerezas y no las has pagado, y ni siquiera las has pedido. Tú ya sabes que no debías hacerlo. Teniendo en cuenta que ya te las has comido, ¿qué te parece que podrías hacer para compensar a Remedios, que las había llevado al mercado para venderlas?

—¿Le pido perdón?

—Si sientes que debes hacerlo, sin ninguna duda. Aun así, no sé si pidiendo perdón bastará para que todo vuelva a estar en su sitio. Quizás podrías ofrecer algo a Remedios a cambio de las cerezas que le has cogido. Piensa en lo que le podrías ofrecer.

—¿Le pregunto qué quiere de mí?

—Sería mejor que llevaras una oferta de antemano, por si a ella no se le ocurre nada.

—Vale, le digo que puedo prepararle una limonada con los limones de mi limonero.

—Bien, prueba a ver. ¿Vas tu sola o necesitas que te acompañe?

Fijaos que pedir perdón es necesario, pero no suficiente. Debemos evitar que el perdón se convierta en la salida más fácil ante la travesura, un mero trámite para poder pasar página. En nuestra cultura judeocristiana, el arrepentimiento y una pequeña penitencia bastan para granjearse el perdón. Una vez *perdonado*, el *pecador* reincide sin más consecuencias que el nuevo arrepentimiento y la pequeña penitencia que vuelven a llegar. Si nuestro objetivo consiste en hacer reflexionar hondamente al niño sobre la acción adecuada, resulta mucho mejor hacer notorio «el espíritu de la norma», reparando al mismo tiempo, o compensando, la vulneración. No basta con reconocerla y pedir disculpas.

3. Poner al niño frente a las consecuencias

Una tercera opción consiste en dejar que el niño o niña experimente las consecuencias naturales derivadas del hecho, en la línea de lo que ya exponíamos al hablar de educar la responsabilidad.

Imaginemos, por ejemplo, que ha llegado a casa con retraso, más tarde de la hora convenida, y que él quería hacer una tarta para la merienda. El retraso puede provocar que tengamos que anular el plan por falta de tiempo. Podemos expresarlo así: «Es una lástima que se haya hecho tan tarde, porque no tenemos tiempo para hacer la tarta. Habrá que dejarlo para otro día». También podría darse el caso de que el niño no hubiese recogido los juguetes de la calle —algo que tampoco nosotros debemos hacer, puesto que no es nuestra obligación—, y que, al día siguiente, esos juguetes hubieran desaparecido. No pasa nada, no debemos agobiarnos: si bien es cierto que vamos a perder unos cuantos juguetes, no lo es menos que los habremos invertido en educación para la responsabilidad.

Si las consecuencias de su acción perjudican a otras personas, también el niño debe poder percatarse de ello. Si echó a perder un melón jugueteando con un cuchillo, por ejemplo, podemos obrar como sigue:

• Explicamos lo que ya sabía y describimos lo que ha ocurrido: «Sabes que con las cosas de comer no se juega, y, aun así, nuestro melón se ha echado a perder porque tú has estado jugueteando con el cuchillo».

• Anunciamos una consecuencia lógica del hecho producido.

Pongamos por caso: «Hoy no podremos comer postre porque nos hemos quedado sin melón».

Ante esa situación, podemos hacer dos cosas:

a) En el momento de experimentar la consecuencia (en ese caso, terminar la comida sin postre), hacemos mención del motivo de la situación. Anunciamos al resto de la familia que «hoy no comemos postre porque Ricky echó a perder el melón». Es preciso que Ricky pueda entender el disgusto que su acción produce en los afectados, y no es necesario que se le reproche nada explícitamente.

b) Ayudar a Ricky a hallar una solución para que podamos tomar postre a pesar de lo sucedido. Tiene que ser él mismo quien la haga posible (ir a comprar otro melón con los ahorros de su hucha, hacer un batido con lo que queda del estropeado... lo que sea).

Un error demasiado frecuente

A veces se nos ocurre castigar a los niños dejándolos sin actividades hacia las que tienen mucha inclinación y que nosotros querríamos reducir, como los juegos electrónicos o la televisión. De todo lo que dijimos en el capítulo anterior, se deducirá fácilmente que se trata de un error, y hay que destacar que lo es más, si cabe, en el caso de que no queramos potenciar dichas actividades. Si, como padres, consideramos que sería deseable que el niño mirara menos la televisión y lo castigamos sin ella, estamos convirtiendo la tele en un elemento todavía más deseable, ya que ellos asocian quedarse sin con un castigo. Tampoco se trata de castigar a los niños a mirar la televisión (para producir el efecto contrario) si ya tienen mucha inclinación a ella, pero por lo menos debemos intentar evitar convertirla en un elemento todavía más preciado. En lugar de eso, optemos por alguna de las soluciones del apartado anterior.

LOS LÍMITES Y LAS FRUSTRACIONES

La emergencia de las frustraciones

Cuando alguien o algo nos impiden hacer lo que querríamos, nos sentimos frustrados y contrariados. Según crecemos y nos acostumbramos a esa circunstancia, vamos adaptando a ella nuestro modo de reaccionar y situamos nuestra frustración dentro de los límites de la cordialidad y el diálogo para intentar negociar. Pero cuando somos pequeños y llega la frustración, a menudo va acompañada de una reacción negativa en forma de resistencia, insistencia, y hasta de «lucha armada» (gritos, ruido...). ¿Cómo podemos hacer, los adultos, para acompañar a los pequeños en la tolerancia de la frustración? ¿Cómo podemos ayudarles a reaccionar de un modo más tranquilo? ¿Cómo podemos echarles una mano ante la contrariedad de ver cómo se les impone nuestro criterio?

—Esta noche quiero quedarme a dormir en casa de Mari.
—Esta noche no puede ser.

—Quiero que venga Josean a jugar.
—Hoy no es un buen día.

—Hoy no quiero ir a entreno.
—Pues tienes que ir.

Lo que nuestros hijos desean no siempre puede ser ni siempre debe ser. Por lo cual, si el ataque contra la frustración llega en forma de rabieta, tenemos que estar preparados para resistir con entereza. De esto trata este capítulo. De todo esto y de cómo hacerlo para evitar las pataletas en vez de tener que sufrirlas.

Para poder aprenderlo, primero es necesario analizar el «fenómeno» de las pataletas: ¿por qué los niños tienen tanta afición a ellas? ¿Por qué son más proclives a ellas en casa que fuera? Será igualmente necesario que nos empapemos de la importancia de decir que no, para así prepararnos para ayudar a los niños y niñas a soportar la frustración y hacerle frente de un modo que les permita crecer y hacerse fuertes.

¿Por qué a la familia «nos tocan» más pataletas?

¿Os habéis preguntado alguna vez por qué nuestros hijos hacen muchas más pataletas en casa que en la escuela?

La frecuencia de las pataletas de un niño está directamente relacionada con el beneficio que saca de ellas. A la larga, nadie hace nada que no le comporte ningún tipo de beneficio. Sería una pérdida de tiempo y un derroche de energía, una absurdidad. Sí, los hijos hacen pataletas porque obtienen de ello algún fruto, y nosotros cedemos porque también obtenemos un beneficio al ceder. Veamos con detalle este mecanismo, para poder deducir después fácilmente cómo podemos desactivarlo.

Cuando un niño o niña se arranca en una rabieta ante una contrariedad que se le plantea, invierte una gran cantidad de energía. Energía corporal y energía emocional. Se esfuerza con recursos muy enérgicos a mostrar su disconformidad, a reivindicar su deseo y también a… hacernos sentir mal. Esta puede parecer una afirmación de persona malpensada, y está claro que no es agradable suponer que los hijos, que nos aman, nos intenten hacer sentir mal. Pero es así. Una de las formas de que disponemos los humanos para conseguir lo que deseamos es presionar psicológicamente a los que pueden proporcionárnoslo, y uno de los medios más efectivos de presión psicológica consiste en provocar sentimientos de culpa. El sentimiento de culpa se provoca haciendo sentir al otro responsable de nuestro malestar. Los padres y madres tenemos una debilidad connatural (por el hecho de ser tan cercanos a los niños) que hace que su malestar nos incomode tan profundamente que apenas podemos soportarlo. Por ello nuestro sentimiento de culpa es muy fácil de provocar por parte de los hijos. Cuando un hijo se siente mal —algo que expresa con protestas, demandas, reiteraciones y hasta gritos y lloros—, los padres y madres nos sentimos de inmediato incómodos, inquietos, sacudidos en nuestro fuero interno. Todas estas emociones hacen que nos soliviantemos, que respondamos con un tono de voz alterado, nos ponen de los nervios, nos hacen reaccionar de una determinada manera...

En las escuelas, en los grupos de *boy scouts* y demás asociaciones, los educadores, que no son padres y madres, ni abuelos y abuelas, y que tienen más de cuatro o cinco niños a su cargo, no podrían soportar la intensidad y la frecuencia de las pataletas que los niños *practican* en familia. No darían abasto, no habría quien pudiera gestionarlas. Por fortuna no hace falta que lo hagan, ya que los niños tienen mucha menos inclinación al pataleo y a los gritos y lloriqueos para conseguir lo que quieren ante un maestro o monitor que ante un familiar. Haced la prueba: preguntad a los maestros —que pasan por lo menos cinco horas diarias con ellos— cuántas veces los niños se empecinan en no aceptar una negativa; cuántas veces, cuando desean vivamente algo, insisten hasta hacerse muy pesados, o cuántas veces les da una pataleta para conseguirlo. Si tenéis experiencia como monitores, tratad de hacer un ejercicio de memoria: ¿cuántos líos de este tipo tuvisteis que gestionar?

Y eso, ¿por qué? Los niños y niñas tienen muchas menos rabietas ante personas que no son sus padres o sus abuelos, porque el sentimiento de culpa que el malestar de los hijos provoca en la familia no se da en personas más alejadas de su núcleo duro emocional. Cuanto más alejado de un niño se encuentra un adulto, menos poderosa resultará la inquietud que sentirá este último por el malestar de aquel. Eso no significa que sea menos sensible al malestar de la criatura (es decir, algo menos sensible sí es); significa más bien que la sensibilidad que tiene hacia ese malestar no lo afecta tan personalmente, no le remueve los cimientos internos, no lo impulsa en un determinado sentido. Por esta razón los maestros y los monitores, o los adultos que no son familiares cercanos, pronuncian los *no* con más frescura que los padres y las madres, los abuelos y las abuelas. Sus *no* se nos antojan desenfadados, naturales, no están lastrados por la inquietud y la sombra de culpa del *no* de los padres, que a menudo incorpora un matiz de sentimiento de culpabilidad por el hecho de estar frustrando al niño, de estar impidiendo su plena satisfacción. Es un matiz poco perceptible, pero está presente: a ningún padre le gusta decir no, porque asociamos erróneamente la insatisfacción con la infelicidad, y lo que deseamos todos los padres y madres es que nuestros hijos sean felices y dichosos, tanto como sea posible. Cuando un chico detecta ese matiz en la negativa de sus padres, sabe que se ha abierto una rendija en su no y que, con un poco de insistencia, puede hacer saltar ese no por los aires. De aquí nacen las guerras contra el no, las rabietas y los berrinches. Si en alguna ocasión cedemos ante la fuerza de una pataleta y concedemos al niño sus pretensiones con la intención de atajarla, entonces habremos alimentado la bestia para unas cuantas ocasiones más.

La importancia de decir no —y de mantenerlo

A pesar de lo apuntado, y por mucho que nos desagrade, los padres y madres debemos decir no (y lo decimos) por razones diversas: impedimentos reales («No podemos ir a casa de los primos porque están de vacaciones»), inconvenientes propios («No te dejo con los abuelitos porque el lugar donde hago el cursillo está demasiado lejos de su casa y, al terminar, no me iría muy bien pasar a recogerte»), riesgos para nuestro hijo («No puedes ir solo a la playa porque podrías perderte»), problemas de salud («No vas a comer más chocolate porque contiene demasiado azúcar y es demasiado excitante»), molestias causadas a terceras personas («No juegues a la pelota a esta hora porque molestas a los vecinos), etcétera.

Decimos no porque sabemos que no ayudaríamos a nuestros hijos si les consintiéramos todos los deseos, ya que el deseo sin control puede tener efectos muy perjudiciales, y hasta puede poner en riesgo la propia supervivencia (y eso por no hablar de que hace imposible la convivencia). Los niños que calificamos como *mimados* no tienen capacidad de autocontrol, porque uno aprende a dirigir la propia conducta por medio de la limitación impuesta, en un primer momento, desde el exterior. A partir de cierto momento, los niños demasiado mimados se vuelven exigentes con los demás y poco generosos. Se acostumbran a ser el centro de las atenciones de su entorno, les parece natural que los otros se desvivan por hacer posible lo que desean a cada instante, llegan a pensar que la obligación de sus padres y de otros parientes consiste en estar lo suficientemente atentos para satisfacerlos cada poco, se transforman en pequeños tiranos en toda regla.

Hay padres y madres que no se atreven a negarse ante los caprichos de los hijos por miedo a traumatizarlos, y por miedo a que los quieran menos. Educar para la libertad no significa conceder al niño todo lo que le venga en gana, sino ayudar a liberarle de las presiones externas e internas que le generen más necesidades. De mayor, será más libre en tanto en cuanto necesite menos que más, y el que menos necesita es quien ha aprendido a conectar con sus necesidades auténticas, al tiempo que prescinde de la satisfacción de muchos deseos inmediatos. En la medida de lo posible, es preciso que enseñemos a los niños a considerar con atención sus necesidades y a ser críticos con los mensajes destinados a provocar deseos. Limitemos los impactos publicitarios sobre nuestros hijos, y enseñémosles a cuestionarlos. Se ha estudiado mucho la influencia de los actos violentos que presencian los niños en la televisión. Pero, en cambio, no nos fijamos en la nociva influencia de los mensajes publicitarios que reciben. Para el sistema de mercado resulta urgente fomentar continuamente las necesidades, de modo que la publicidad deviene en una máquina de producción de personas deseosas e insaciables.[11]

Decir no a los hijos siempre que sea preciso y sin sentimiento de culpa les reportará beneficios muy importantes tanto a corto como a largo plazo.

Beneficios del no

Precisamente porque permite educar el autocontrol y aprender a tener en cuenta las necesidades de los demás, un niño a quien en su casa le dicen a menudo y tranquilamente que aquello que desea «pues va a ser que no» gozará de más habilidades relacionales. Le resultará más fácil la relación con los compañeros de su edad, puesto que toda relación conlleva una serie de pactos, y a los pactos se llega cuando, en caso de diferencias de criterio, se encuentran soluciones adecuadas a los intereses de todas las partes o bien cuando una de ellas cede. Los niños que están acostumbrados a oír y a asumir que lo que desean no es posible sabrán buscar alternativas y, si es preciso, sabrán ceder. Los otros, por el contrario, no dispondrán de la flexibilidad necesaria para hacerlo. Podríamos temer, llegados a este punto, que los niños acostumbrados a las negativas cedieran demasiado ante algunos amigos obsesionados en imponer su voluntad a rajatabla. Eso no va a ocurrir si el niño está igualmente acostumbrado a ser escuchado y tomado en cuenta, y si, cuando aquello que desea es posible, razonable y está bien formulado, se le concede con dadivosidad y amor. De este modo, será un niño que tendrá confianza en las posibilidades de diálogo para llegar a acuerdos favorables también a sus intereses.

---

11. Para saber más, vid. José Antonio Marina, *Las arquitecturas del deseo*, Anagrama, 2007.

Otro beneficio reservado a los pequeños que reciben algunos noes a lo largo del día va a llegar a medio plazo. Se trata de la seguridad, un beneficio de vital importancia. Para entenderlo, imaginaos una noche sin luna en la que vais caminando —sedientos— por un lugar desconocido hacia un río donde habrá agua para beber. Ante nosotros se abre una angosta falla, una sima profunda donde una caída puede resultar mortal. Avanzáis con determinación, ignorantes del peligro que se abre a pocos metros. Cuando casi habéis llegado y ya el próximo paso se dará sobre el vacío, alguien a vuestra espalda os agarra por la ropa y os detiene. Con arrojo, alguien ha impedido que os precipitarais por la sima hacia la nada. Sin duda, esa fuerza habrá sido vuestra salvación. Si no os hubiera impedido avanzar, ahora mismo estaríais perdidos.

Quien detuvo vuestro gesto, quien paró vuestro impulso, tiene que haber sido alguien con una potencia física considerable, al menos superior a la vuestra. La inercia que llevabais no podría haber sido frenada salvo por una fuerza más poderosa que la que os empujaba hacia adelante.

Eso es exactamente lo que padres y madres hacemos con los hijos cuando les decimos no. Les impedimos avanzar hacia donde ellos querrían transitar, y lo hacemos porque nuestra fuerza es superior. No se trata, en este caso, de fuerza física, como la que detenía el impulso del caminante y le impidió despeñarse, sino de la fuerza psicológica de la autoridad, que puede parar el avance del niño hacia un objetivo.

El caminante que se ha salvado de la caída cuando fue agarrado *in extremis* siente que alguien lo ha protegido, por la razón de que ese alguien decidió aplicar su fuerza e impedir al otro seguir adelante. Sabe que, para hacerlo, era menester tener más fuerza que él, y que había que imponer esa fuerza a pesar de que, de este modo, se impidiera la progresión hacia el objetivo. De idéntica manera, los niños cuyos padres dicen no, impidiendo que consigan lo que quieren en un momento determinado, pueden sentir que hay alguien cerca de ellos que dispone de la fuerza necesaria para protegerlos. Ni que decir tiene que ellos no saben —no quieren saberlo— que los que imponen el *no* lo hacen para evitarles algún problema (en realidad, a veces es así y a veces no), pero esto no es importante. Lo importante es que *perciben* que hay alguien capaz de imponer su autoridad y, por consiguiente, saben —aunque no tengan consciencia de ello— que tienen muy cerca a alguien que, en un momento crítico, será suficientemente fuerte para que ellos estén seguros. En una situación problemática en la que haya que asegurar protección, notan que sus padres serán personas fiables, con la necesaria resistencia.

Por lo tanto, decir no —pero, más que eso, mantenerlo—, decretar que algo no puede ser, transmite al inconsciente de los niños la sensación de estar rodeados de adultos más fuertes que ellos mismos, lo que da tranquilidad y permite fortalecer la sensación de seguridad en el entorno. Esa tranquilidad y esa seguridad resultan fundamentales para ir constituyéndose, poco a poco, en personas firmes y estables.

No decir no cuando no sea preciso

Parece, pues, bastante clara la importancia de decir no y evitar, de este modo, mimar a los niños. Pero tan importante como eso es que los padres tengamos claro cuándo resulta bueno y necesario decir no, y en qué momentos echar mano de una negativa será, más bien, mostrar una rigidez excesiva.

Y es que, si pasáis un rato en cualquier plaza o parque público con juegos para niños, podréis observar fácilmente escenas en las que acaso no era necesario decir no: «¡No te mojes!», alertaba una madre a su hijo, que trataba de hinchar globos con el chorro de una fuente. El niño no podía entender por qué motivo debía actuar con tanto cuidado con el calor que hacía. A veces hay que pensar si los noes que decimos a los niños son necesarios y educativos o si bien responden a inercias, a tics que hemos aprendido, y que, más que limitar con sentido, cortan las alas cuando no había ninguna necesidad de ello. Sabemos muy bien que decir no en los momentos en que se hace imprescindible no siempre resulta fácil, así que haríamos bien en reservar los noes para cuando sean estrictamente necesarios. Si lo hacemos así, nuestros hijos no pensarán que «siempre», como suelen decir ellos, les decimos no, que «siempre» les impedimos hacer lo que desean, que demasiado a menudo les cortamos las alas cuando no es en absoluto necesario. Y es así como podrán dar más importancia y valor a nuestras negativas, si son contadas y pueden encontrarles un sentido.

Contengamos nuestros miedos inútiles

Para no dar una negativa cuando no sea necesario será preciso que revisemos algunos de nuestros propios miedos y desaprender ciertas cosas que nos limitan absurdamente. Algunos miedos y pensamientos limitadores que sufrimos vamos a traspasarlos a nuestros hijos si no los revisamos a conciencia, dispuestos a contenerlos en caso de no encontrarles sentido. Digo *contenerlos* porque eliminarlos resultará mucho más difícil; y, por el contrario, sí es posible no evidenciarlos, no contagiárselos a los niños. Si queremos que nuestros hijos sean valientes y fuertes, confiados y resueltos (lo que no significa que no sean prudentes), en tanto que padres, debemos tener a punto palabras de aliento e impulso, y no tanto palabras de freno y desconfianza. Por ende, antes de exclamar imperativamente «¡No te subas ahí arriba, que te vas a caer!» o «¡No te vayas tan lejos, que podrías perderte!», haremos bien en considerar la posibilidad real de caída o desorientación. Si consideramos que se trata de una posibilidad significativa, podemos decir cosas como: «Si te subes ahí arriba, anda con mucho cuidado y agárrate fuerte, porque si te caes puedes hacerte mucho daño». O bien: «Si te alejas demasiado, fíjate por dónde pasas, puesto que fácilmente podrías perderte». De este modo, no estamos prohibiendo, sino solo advirtiendo. Expresamos el riesgo que observamos y aconsejamos una actitud de prudencia ante ese riesgo. Obrando así, el niño siente que respetamos su decisión y que le resultará necesario evaluar el posible peligro y la forma de evitarlo. De un modo imperativo, con los «No te subas ahí» o «No te alejes demasiado», limitamos sus movimientos sin ayudarles a tomar decisiones considerando los riesgos y sin explicar qué hay que hacer cuando se quiere realizar una acción que comporta peligro. Educar es acompañar, no retener...

Para decir no, un único argumento

Cuando debamos impedir algo a nuestros hijos, cuando sea necesario ponerles un límite o decirles que no, démosles siempre un argumento. Y mantengámoslo.

Dicho argumento puede tener que ver con sus propias necesidades o con las de otras personas, y también con nuestras necesidades o preferencias particulares.

A medida que los niños van haciéndose mayores, tienen que conocer y compartir las razones de los adultos. Por tanto, se hará necesario que les expliquemos los motivos de nuestras decisiones, con los matices que vengan al caso. Cuanto más mayores sean, más detalles y explicaciones podremos compartir con ellos. Bueno será que, desde pequeños, se acostumbren a obtener explicaciones de los demás, y que ellos mismos puedan sopesarlas. Así pues, cuando neguemos algo, hagámoslo siempre acompañando la negativa de una explicación.

—Hoy quiero quedarme a dormir en casa de Mariluz.

—Esta noche no puede ser, Gabi.

—¡Pues yo quiero quedarme! ¿Por qué no?

Argumentar nuestras negativas forma parte de la naturaleza del diálogo racional en el cual queremos educar a nuestros hijos, y, por lo tanto, ahí debemos actuar con gusto y naturalidad.

—Pues porque mañana hay que ir a la escuela, y yo no quiero que tenga que llevarte la mamá de Mariluz.

Esa es una razón tan válida como cualquier otra. Son válidas todas aquellas razones que nos lo parezcan a nosotros, lo mismo si tienen que ver con las necesidades del niño o niña como con las de la familia en general o con nuestras propias necesidades particulares, siempre y cuando sean verdaderas. Tan válido resulta un argumento como «Porque tienes que tomarte el medicamento que está en casa» como este otro: «Porque esta noche vendrán los tíos de América y queremos que te conozcan». Y tan válidos esos dos como el que expusimos en primera instancia: «Porque a mí no me va bien que otra madre te lleve a la escuela». No debe preocuparnos el priorizar nuestros deseos o apetencias ante los de nuestros hijos. Los padres y madres tenemos tanto derecho como nuestros hijos a que nuestros deseos sean tomados en consideración, de modo que a veces cederemos a sus demandas, haciendo un esfuerzo de adaptación, y otras veces serán ellos los que deberán actuar así. Es bueno que aprendan que así son las cosas, y que, si bien es verdad que ellos son personas muy importantes (en el sentido, en este caso, de tener que ser satisfechas), nosotros, los padres, también lo somos. Por lo tanto, en determinados momentos, cuando nos pregunten sobre los motivos de una negativa, podemos responder: «Porque yo lo prefiero así, me hace sentir mejor».

Si damos alguna explicación, es importante que sea verídica. En uno de los talleres de «Educar sin gritar», una madre contaba que su pequeño solía pedirle ir a cenar a una hamburguesería. Ella —decía— resolvía el problema de decirle que no a su hijo de un modo sencillo: «Le respondo que no tenemos suficiente dinero, aunque no sea verdad. Y entonces el niño deja de reclamar». No es un buen sistema. No debemos mentir. Es necesario que seamos personas fiables para nuestros hijos, que ellos sepan que pueden confiar en lo que les decimos. Por tanto, aunque contar la verdad nos cueste algo más, es crucial que seamos honestos. ¿Qué es lo que podría haber hecho, la susodicha madre? Pues por ejemplo elegir un argumento verdadero en función de la capacidad de comprensión de su hijo. Podría haber dicho, pongamos por caso, «No iremos a comer hamburguesas porque no es bueno comer demasiada carne y ya comimos ayer». O bien: «Porque no quiero hacer ganar dinero a esa hamburguesería». O incluso, sin ningún empacho, «Porque a mí no me apetece ir».

Cuando damos un argumento, es posible que los niños se agarren a él para empezar a derrumbar el muro de nuestra negativa. Pueden arrancar con preguntas-comentario como:

—¿Por qué no puedo quedarme a dormir en su casa? A la mami de Mariluz no le importa llevarme ella a la escuela.

Y también puede darse la circunstancia de que el niño esgrima un contraargumento del tipo:

—Si no quieres que me acompañe la mami de Mariluz, pues me recoges tú en su casa y me llevas a la escuela.

Ante réplicas de esta guisa, es preciso andar con pies de plomo para no cometer un error que, posteriormente, podríamos lamentar: dar un nuevo argumento, uno distinto. Si lo hacemos, si decimos, pongamos por caso, «Igualmente no me va bien que te quedes hoy, porque mañana debes cambiarte de ropa y en casa de Mariluz no tienes ropa limpia», de un plumazo nos estamos cargando la validez del primer argumento dado. Obrar así es como aceptar que lo que dice el niño es válido y que, por consiguiente, hay que presentar una nueva razón para justificar nuestra negativa. Resulta fundamental que, en lugar de eso, mantengamos todo el rato nuestro primer argumento. Así:

—Aunque a ella no le importe, yo no quiero que la madre de Mariluz te acompañe a la escuela.

O bien, en el segundo caso:

—Yo no iré a recogerte a casa de Mariluz para llevarte a la escuela. Esta noche vas a dormir en casa.

Lo que hacemos es reforzar nuestra versión de cómo serán las cosas esta vez, dando a entender que, en la ocasión que nos ocupa, no hay negociación posible. Como siempre, hay que hacer estas afirmaciones con la mayor serenidad.

Pero eso no hará que la frustración de nuestro hijo disminuya. Hasta aquí habremos conseguido argumentar la negativa y asegurar que no es negociable —lo cual ya es muy importante porque, a menudo, acabamos entrando en una espiral demasiado extensa de argumentos y contraargumentos hasta que se nos agota la paciencia y terminamos por chillar que «¡se acabó lo que se daba, vamos a dormir en casa y sanseacabó!»—. Gracias a la técnica de dar un solo argumento, evitaremos caer presos en esa espiral. Pero quizás el pequeño de la casa no se dará por vencido, y persistirá en el empeño de conseguir lo que quiere, repitiendo la pregunta «¿Por qué no?», y hasta es posible que nos obsequie con una pataleta, a menos que sepamos gestionar bien la situación.

Podemos hacerlo de dos maneras: dejando muy claro que no negociaremos el tema ni vamos a hablar más de ello o siendo empáticos. Veamos ambas maneras de proceder.

1. Dar carpetazo al tema: Porque no me da la gana + Es lo que hay

Si no deja de preguntar «¿Por qué no?» («¿Por qué no quieres que la mamá de Mariluz me lleve a la escuela?»; «¿Por qué no pasas tú a recogerme mañana por su casa y me llevas al cole?», etc.), una vez hemos dado el argumento, nuestra actitud debe ser estricta:

—Gabi, porque a mí no me va bien.

Si la insistencia no cesa:

—¿Y por qué nooo?

La respuesta debe ser todavía más breve:

—Es lo que hay.

Podría darse el caso de que no bastara con una sola vez. Así que deberemos repetir, sin salirnos del guion, «Es lo que hay».

Hay que evitar a toda costa entrar en lo que sería un diálogo sin final previsible, del tipo:

—¿Por qué? Ya te lo he dicho: porque no quiero.

—¿Y por qué no quieres?

—¡Porque no me va bien! Porque hoy es un mal día, ya te he dicho que mañana hay que ir a la escuela...

—¡Y qué más da! Yo ya te he dicho que eso da igual, que a la mamá de Mariluz no le importa acompañarme...

—Y yo ya te he dicho que a mí sí me importa. ¡No hace falta que insistas!

—Pero es que en realidad no me has explicado por qué no te va bien que...

El desgaste y la mala leche que acumulamos cuando se dan diálogos de este tipo hacen que a menudo acabemos gritando para dejar claro que ya no queremos hablar más de ello. Para no gritar, más nos valdrá optar por el aburridísimo y cansino «Es lo que hay», hasta que quien se agote de oírnos a nosotros sea nuestro hijo, y no viceversa.

Cómo afrontar una pataleta

Las primeras veces en poner en práctica lo apuntado, y hasta que el niño sea capaz de asimilar ese nuevo modo de proceder, puede darse una insistencia extenuante, y hasta escenas que incluyan lloros y gritos.

¿Qué hacer ante una pataleta?

Pues prestarle la mínima atención posible. Cuanta más atención pongamos en ella, más durará y más veces se repetirá en el futuro. Ignorar una pataleta no es nada fácil. Para poder hacerlo bien, es preciso tener en cuenta los siguientes pasos. Hay dos previos:

1. Pensar que ya explicamos la razón de nuestra posición y que, por ende, no hace falta reiterarla.

2. Consolar al niño, si lo quiere.
Hay dos maneras. Una, diciendo: «Veo que estás muy enfadado/disgustado. ¿Quieres que hablemos de ello?

La otra, tratando de acariciarlo o abrazarlo, si le apetece y si se deja hacer.

Si todo eso no surte efecto y el niño prosigue en su rabieta, procederemos del siguiente modo:

3. Mostrar tranquilidad.

No nos alteremos. Es normal que, hasta que no llevemos un tiempo actuando de este modo, nuestro hijo intente conseguir lo que quiere por todos los medios, incluyendo lloros, gritos, berrinches, puñetazos e, incluso, intentos de agresión. Si ocurre eso, vamos a contenerlo físicamente para evitar que alguien pueda hacerse daño. Y todo ello sin decir palabra. Cuanto menos hablemos mientras llevamos a cabo nuestro sistema, mucho mejor. Las palabras son unidades de atención, y aquí se trata de orillar lo máximo que podamos la atención del niño.

4. Buscar algo para distraerlo.

Tratar de enfocar la atención del niño en algo concreto resulta efectivo en los más pequeños. Frases del tipo: «¿Has visto qué paquete nos ha dejado papá en la mesa de la cocina?» pueden distraerlo de la frustración y evitar que la pataleta arranque o continúe durante mucho rato. No tiene más que pronunciarse una sola vez. En niños mayores, esa práctica nos funciona para comunicar que, para nosotros, el tema de discusión está más que finiquitado, puesto que estamos hablando ya de otra cosa.

5. Largarnos del lugar.

Más pronto que tarde, deberíamos largarnos del sitio donde tuvo lugar la rabieta. Cambiemos de habitación. Resulta una manera muy visual de hacer saber al niño que no tenemos ninguna intención de continuar pendientes de la cuestión.

Si nos sigue, debemos simplemente evitar decir nada. No siempre es fácil, pero es muy efectivo no responder a provocaciones como «¡No es justo!» o «¡Tú no me quieres!». Cuantas menos respuestas, menos rato va a durar la escena y menos veces se repetirá.

Todo lo más, antes de marchar del lugar podemos decir: «Así no hay quien pueda hablar. Trata de calmarte y, cuando lo hayas logrado, vienes a verme»; o bien: «Entiendo que todo esto te disgusta mucho, pero esta actitud no es la adecuada para conseguir nada». Al cabo de unos días de actuar así, los hijos habrán entendido que no tiene sentido gastar tanta energía en una pataleta para no conseguir absolutamente nada, y, naturalmente, van a dejar de recurrir a ellas.

2. Evitar que las negativas desencadenen pataletas. La empatía.

Pero si pretendemos evitar situaciones como las descritas, hay una manera de ayudar mejor a nuestro hijo a aceptar que algo no se puede hacer. Si la ponemos en práctica, podremos evitar que, ante una negativa, insista tanto que corramos el riesgo de perder la paciencia, o que sienta una rabia tan incontenible que dé lugar a un sonoro berrinche.

Se trata de hacer más soportable el sentimiento de frustración, haciéndonos cargo al mismo tiempo de los sentimientos del niño. Lo cual significa nombrar y aceptar sus sentimientos ante la contrariedad. Y es que, cuando alguien se hace cargo de lo que nos pasa, todo parece más soportable. No solo los hijos, sino también los adultos valoramos que, al expresar nuestras preocupaciones y frustraciones, haya alguien por ahí cerca que recoja el guante. Que se haga cargo de la situación, vamos.

Fijaos en esta expresión: *hacerse cargo*. Tiene que ver con la palabra *carga*, que es aquello que pesa y debe ser acarreado. Cuando *nos hacemos cargo* de algo que le ocurre a alguien, es como si le ayudáramos a sobrellevar una parte de la carga emocional. Cargar a la espalda un peso grande, que pesa un montón, hace que se nos curve el cuerpo, que nos doblemos hacia el suelo. Entonces no podemos ver el entorno, el paisaje que cruzamos ni el sitio hacia donde nos encaminamos. Perdemos, pues, la perspectiva. ¿Qué ocurre cuando alguien nos coge parte de esa carga? Como el peso a nuestra espalda disminuye, podemos volver a ponernos derechos, de modo que levantamos de nuevo la vista y volvemos a ver el cielo.

Eso es lo que ocurre cuando alguien, con su expresión y su actitud, se hace cargo de cómo nos sentimos. Es como si nos aliviara de una parte del peso de nuestro sentimiento, de una parte de nuestra carga. Por eso, para acompañar a los hijos en momentos de contrariedad, es necesario que mostremos que comprendemos su malestar y también su deseo.[12] Digamos, por ejemplo:

—Veo que te disgusta un montón no poder quedarte hoy a dormir en casa de Mariluz. Sé que te encanta quedarte y que os lo pasáis en grande.

O, para variar de caso, imaginaos yendo para casa tras recoger al niño en la escuela. Por el camino, os pregunta:

—¿Qué hay para comer?

Y resulta que hay algo que no le gusta, como... garbanzos. Por lo tanto, la respuesta será inequívoca:

—Garbanzos.

Entonces es muy probable que empiece a protestar y que reclame una alternativa más atractiva:

—¡Yo no quiero garbanzos! ¡Quiero macarrones!

En este caso, en vez de soltar espontáneamente «Pues no hay macarrones: hoy he hecho garbanzos», haremos bien en decir con toda tranquilidad:

—¡Anda!, ya veo que los garbanzos no te hacen ninguna gracia.

Se trata de aclarar, como puede verse, que entendemos bien

---

12. En el libro *Cómo hablar para que los niños escuchen. Y cómo escuchar para que los niños hablen* (Harper Collins, 2015), Faber y Mazlish explican muy bien cómo poner en práctica dicha técnica.

que el niño esté contrariado y de un humor de perros. Para que quede patente, también podemos nombrar el sentimiento:
—Ahora mismo estás de lo más contrariado.

Poner nombre a los sentimientos

Llamar *contrariedad*, *disgusto*, *frustración*, *decepción*, *desilusión*, *rabia*, *fastidio*, etc., al sentimiento del niño es una buena manera de ayudarle a identificar lo que le ocurre. Cuando ponemos un nombre a un sentimiento o emoción logramos tres cosas: la primera es que el niño aprenda a reconocer su estado interno con un nombre, de manera que cuando sienta cualquiera de esos estados pueda verbalizarlo para que también los demás puedan comprenderlo mejor; la segunda cosa que conseguimos es que el niño se dé cuenta de que lo que le pasa, aun siendo desagradable, no resulta extraño ni caótico, no es incontrolable ni, por lo tanto, espantoso. Resulta, sencilla y llanamente, normal, tan normal que goza de un nombre que lo delimita, un nombre que la comunidad comparte para identificar ese estado particular, de manera que tiene que ser algo habitual y comprensible en tanto que dispone de una palabra que lo designa. Lo tercero que conseguimos dando un nombre a un sentimiento es que el niño sienta que captamos realmente su vivencia de la situación.

Una vez hayamos puesto nombre a los sentimientos, también hay que mostrar que comprendemos bien su preferencia:
—Sé que estarías muy contento / te haría mucha ilusión / te encantaría si pudieras quedarte esta noche en casa de Mariluz.
—Entiendo que te pondrías las botas con unos macarrones como los que cocinamos ayer...

Evitar el «pero» y conceder el deseo en un mundo imaginario

Y, después de decir todo eso, evitemos por todos los medios pronunciar la palabra *pero*. Es una palabra peligrosa, porque anuncia una contradicción entre lo que acabamos de decir y lo que viene a continuación. Para hacerse una idea de hasta qué punto es negativa, figuraos que vuestro director os dice:

—Ya sé que tus condiciones de trabajo no son demasiado justas y que te mereces un trato mejor, pero...

¿A que eso constituye una señal de alerta? Seguro que, llegados a ese punto, ya intuís que lo que viene a continuación no os conviene.

Por lo tanto, debemos evitar la palabra *pero* después de haber recogido —armados de comprensión— los deseos y sentimientos de nuestros hijos, ya que si la pronunciamos les estamos anunciando la frustración. En otras palabras, ante el rechazo de los garbanzos de nada sirve exclamar:

—Pues vaya, ya veo que los garbanzos no te apetecen nada. *Pero* hoy hay garbanzos.

En vez de eso, es mucho más útil y eficaz imaginar que lo que el niño desea *es* posible. Es como echar un vistazo al País de Jauja, ¿lo recordáis? Ese país fantástico donde todo era factible, donde todo cuanto deseamos puede hacerse realidad sin limitación ninguna ni contraindicación.

Hagamos realidad el deseo de nuestros hijos en la imaginación, diciendo, por ejemplo:

—Pues vaya, ya veo que los garbanzos no te apetecen nada. ¡Ojalá tuviéramos un buen plato de macarrones como el de ayer! ¿Te imaginas que pudiéramos comer macarrones todos los días?

De ese modo estamos imaginando juntos una posibilidad deseable. Queda claro para el niño que nos hacemos cargo de su disgusto, de su deseo, y que hasta podemos compartirlo y soñar con que es factible.

Veamos un nuevo ejemplo:

Nuestra hija nos viene a ver enfurruñada porque se ha enfadado con su padre, y de repente nos suelta:

—Me he enfadado con papá porque no me ha dejado echar nata a las fresas. ¡No hay derecho!

En ese momento, nuestra tentación, de lo más lógica, puede

ser restar importancia al sentimiento de la niña e intentar que entienda a su padre. Nos saldrá algo así:

—Mujer, no te enfades, que papá lo hace por tu bien. No conviene comer demasiada nata, y hoy ya comiste a la hora del almuerzo.

Esto no ayudará a que nuestra hija se sienta menos disgustada. Cuando restamos importancia a lo que nos dicen los niños con frases del tipo «No hay para tanto», «Venga, no te lo tomes tan a pecho», «Ya será menos» y demás, provocamos un efecto contrario al buscado, y ellos se aferran a sus sentimientos en lugar de relajarlos. Les será mucho más útil la empatía y echar juntos un vistazo al País de Jauja, imaginando la posibilidad de ponerse las botas con la nata. Esto no quiere decir que cuestionemos la decisión de su padre y le demos la razón a ella. Lo único que hacemos es disfrutar juntos de la posibilidad imaginaria.

—Caramba, ya veo que estás algo enfadada. Papá debe de pensar que, como ya has comido nata en el almuerzo, por hoy ya hay bastante. Y yo estoy de acuerdo con él. Ahora bien, ¡a mí las fresas también me gustan más con nata, no te digo! Ojalá pudiéramos echar nata a todo lo que nos apeteciera, ¿verdad?

—Entonces yo echaría nata a todo.

—¿A todo todo? ¡Qué bueno! ¡Tortilla de patatas con nata!

—¡Calamares a la romana con nata!

—¡Conejo al ajillo con nata!

—Y entonces estaríamos tan requetegordos que no podríamos cruzar las puertas.

Haciéndolo de este modo, jugando con la idea, haciéndola posible en ese País de Jauja donde todo resulta factible sin restricción alguna, la frustración de los niños se relaja muchísimo. El deseo se ha compartido, y se ha satisfecho imaginariamente. Es una técnica muy poderosa, que nos ahorra muchas discusiones ante las contrariedades.

Los lugares públicos

—Tengo hambre. ¡Cómprame una bolsa de patatas!

—Una bolsa de patatas, no. ¿Te apetece una manzana que llevo en el bolso?

—¡Noooooo! ¡Yo quiero una bolsa de patatas!

Si no nos da tiempo de abordar esta cuestión de un modo empático, nos podríamos encontrar con una pataleta en el interior de una tienda. Se trata de una situación muy incómoda. Cuando la rabieta se produce en un lugar público, bajo la atenta mirada de los demás (aunque, a menudo, es una mirada de soslayo), los padres nos encontramos entre la espada y la pared. Pensamos que la mirada de los otros es implacable, pensamos «Dios santo, ¡qué ridículo! ¡Pensarán que no sé qué hacer para que mi hijo deje de berrear!». Y, en ocasiones, la situación empeora, vaya si empeora: lo hace cuando hay gente a nuestro alrededor que nos presiona para que hagamos algo u opina sobre lo que hay que hacer: «¿Qué es lo que quiere? ¿Una bolsa de patatas? ¿Puedo regalarle una?», tercia la vendedora. «Es que, pobrecito, ¡tiene tantas ganas!». No, no queremos que le dé nada, no queremos que premie una pataleta que no tiene otro objetivo que el de conseguir algo de un modo inadecuado. Si dejamos que el chico siga refunfuñando, puede ser que se nos claven en el pescuezo unas cuantas miradas acusadoras que digan «Ya basta, haga algo para que el dichoso niño deje de berrear». No obstante, debemos mantener nuestra decisión de un modo imperturbable, sea cual sea la energía que nuestro hijo destine a intentar hacernos cambiar de opinión. No hay que concederle lo que exige de ese modo inadecuado.

Para nuestra tranquilidad, podemos tener presente que, así como hay personas que censuran nuestra manera de proceder, también las hay que la admiran y reconocen su acierto. Tengámoslo claro para evitar sentirnos incómodos: no todos los que nos ven creen que debemos atajar la rabieta cediendo ante la criatura. Hay quien sabe que obramos muy bien al resistir, a pesar de la bulla. Y, en cualquier caso, es bueno que la mirada de los demás no modifique una buena decisión educativa.

Lo único que hay que procurar evitar son las molestias. De modo que, si el niño sigue insistiendo en su pataleta cuando sabe perfectamente que, en ese momento, no conseguirá lo que pretende, haremos bien en irnos de allí y decirle con semblante muy serio que su comportamiento molesta a los demás, de modo que solo volveremos a entrar con él en la tienda si podemos estar seguros de que eso no volverá a ocurrir. En caso de que no pueda asegurarlo, será preciso que el niño espere fuera o deberemos regresar a casa. Así se lo advertiremos y así procederemos.

Los restaurantes son otro buen ejemplo de lugar público donde los niños pueden importunar a los demás. De hecho, en los últimos tiempos proliferan hoteles, restaurantes, vuelos… en los que no admiten a niños. A menudo su presencia implica molestias porque los padres no podemos evitar que griten o echen una carrera, por ejemplo. Cuando algo de eso ocurra, lo único verdaderamente educativo que podemos hacer es salir del lugar en cuestión para explicar a los hijos que no tienen derecho a comportarse de un modo que altere la tranquilidad del entorno. Si son demasiado pequeños para entenderlo, será nuestra entera responsabilidad hacer con ellos mutis por el foro con una sencilla disculpa.

En otro momento, con calma, en casa, será necesario que hablemos con nuestros hijos sobre cómo evitar molestias a los demás. Veamos cómo pueden ser las charlas con los hijos cuando de lo que se trata es de resolver problemas.

HABLAR CON LOS HIJOS
PARA CONSTRUIR LA CONVIVENCIA
Y RESOLVER PROBLEMAS

Hasta ahora hemos hablado de muchas maneras de decir las cosas a los hijos para transmitirles confianza en sus capacidades, ayudarles a ejercer la libertad, a hacerse responsables, a encontrar sentido a lo que hay que hacer y a aceptar la frustración. En este capítulo abordaremos una cuestión que resulta igualmente clave para lograr todos esos propósitos: llegar a acuerdos entre padres e hijos.

La importancia de construir acuerdos

Un acuerdo, según el diccionario, es «un pacto por el cual cesan las desavenencias». Como las desavenencias provocan malestar y en casa queremos sentirnos bien, y, más aún, queremos que todos se sientan bien en ella, conocer el modo de conseguir ponernos de acuerdo resulta fundamental.

Un *acuerdo* es también «una decisión mutuamente aceptada entre las partes interesadas». La definición ya nos permite tener muy presente que las propuestas para resolver desencuentros deberán contar con la *aprobación de todos* los implicados para que puedan convertirse realmente en acuerdos.[13]

---

13. Atención: todo ello no significa que debamos llegar a acuerdos con los niños y niñas sobre cualquier cosa. A lo largo del libro ya hemos podido ver cuán importante es que los padres podamos hacer prevalecer nuestros criterios a propósito de ciertas cuestiones, y hemos explicado cómo hacerlo.

El tema tiene una importancia capital por dos motivos:

1. Aprender a construir acuerdos con los demás será determinante para nuestros hijos para que puedan desarrollar felizmente su vida.

2. Pactar con los hijos asegura resultados mucho mejores para la convivencia que imponerles nuestras resoluciones de forma unilateral.

- Un niño que pueda aprender a llegar a acuerdos será un adulto respetuoso, más flexible, y que establecerá mejores relaciones con las personas que están a su alrededor. Podrá participar en proyectos colectivos aportando sus propias ideas. Un niño que no tenga la oportunidad de aprender mostrará rigidez en su forma de actuar, que acabará suponiéndole dificultades para superar los conflictos.

- Cuando hay un problema difícil de resolver en casa, es necesario que el niño se sienta parte de la solución. Si contribuye a encontrar una idea para resolver el problema, la solución pactada funcionará mucho mejor que cualquier otra que decidamos adoptar unilateralmente, sin contar con él.

Imaginemos, por ejemplo, que Celia no encuentra jamás el momento de ponerse a hacer los deberes de la escuela, y que el tema en cuestión supone un desgaste para los padres, porque cada tarde hay que repetir el sonsonete «¡Celia, los deberes!», una y otra vez, hasta el punto de que todos juntos (ella y nosotros) acabamos desquiciados. O, para sacar a colación un ejemplo frecuente, figuraos que Nacho remolonea demasiado por la mañana, a la hora de levantarse y de vestirse, de manera que siempre acabamos agobiándonos por miedo a llegar tarde.

Tanto en la primera situación como en la segunda podemos actuar de varias maneras, y habrá algunas que funcionarán mejor que otras. Sin embargo, como padres tenemos una posibilidad que es bueno poner en práctica cuando algo no puede resolverse fácilmente, cuando no hay manera de desatascar una situación: pedir ayuda a nuestro hijo.

¿Cómo llegar a acuerdos?

¿Cómo podemos hablar con los niños para llegar a acuerdos que resuelvan problemas y, de este modo, construir juntos una convivencia satisfactoria para todos? Pues siguiendo al dedillo los pasos siguientes:

* Buscar un momento adecuado.
* Hablar de cómo nos sentimos ante el problema.
* Explicar que necesitamos su ayuda.
* Pedirle ideas.
* Anotar tantas como vayan saliendo.
* Escoger una entre los dos.

En primer lugar, hay que escoger un sitio alejado del problema que queramos tratar. Es preciso que sea un momento de calma y bienestar, por ejemplo tras haber jugado un rato, o mientras preparamos juntos la cena, yendo de excursión un sábado por la mañana... Entonces será un buen momento para afrontar el tema diciendo:

—Celia, hay algo que estaría muy bien que pudiéramos resolver entre las dos. ¿Sabes cuando, por la tarde, nunca acabas de encontrar el momento de ponerte a hacer los deberes? Yo te lo recuerdo cantidad de veces, lo cual me hace sentir como una pelmaza o igual que si fuera la madre de una niña irresponsable. Además, no veas cómo me fatiga repetirlo tantas veces. Como a mí no me gusta nada ser tan pelmaza y tú no eres una niña irresponsable, pienso que estaría genial encontrar entre las dos la forma de arreglarlo. ¿Qué te parece?, ¿me ayudas? ¡Seguro que ambas estaremos mejor si logramos encontrar una solución!

Si seguimos contando con la referencia del diccionario vemos que hacer algo bajo un acuerdo es hacerlo «con aquella unión que resulta de una manera común de sentir, de pensar o de obrar». Por eso es muy importante que, como acabamos de hacer, expliquemos a nuestros hijos cómo nos sentimos ante los problemas de la convivencia, y también que ellos nos lo cuenten a nosotros. Del mismo modo que dijimos a Celia que tanta repetición, tanto sonsonete, nos resultaba incómodo y fastidioso, también se lo podemos preguntar a ella:

—Y tú, Celia, ¿cómo llevas lo de oírme repetir tantas veces que tienes que hacer los deberes?

Una vez hemos hablado de cómo nos sentimos unos y otros ante el problema y tras pedir ayudar al niño o niña para dar con una solución, es necesario que escuchemos las ideas que proponga y que tomemos nota. Cuantas más salgan, mejor. Animémosle, por tanto, a pensar en varias opciones. Por ejemplo:

—Celia, si te parece podemos hacer una lista de ideas para encontrar una solución al problema. Seguro que a ti se te ocurre alguna para que yo no sea un peñazo.

—Puedes escribir que haré los deberes después de merendar sin que tú me lo digas.

—Oído cocina, apuntado. ¿Qué más? ¿Qué otra solución posible ves?

—Quizás podrías ponerme una alarma-despertador a la hora que tenga que hacer los deberes.

—De acuerdo. ¿Qué más? ¡Más madera...!

—Me pondré a ello a la hora que tú te pongas a trabajar con el ordenador, y así me sentiré acompañada.

—Vale, apuntado. ¿Alguna otra idea?

—Que venga Borja, el del piso de arriba, cada día a las siete, y así podremos hacer juntos los deberes.

A continuación, debemos elegir una propuesta entre las dos. Para hacerlo, vamos a analizarlas conjuntamente una por una y a decidir cuál queremos poner en práctica.

—Pues venga, tenemos varias propuestas. Ahora solo queda elegir la que nos parezca mejor. A mí se me antoja que la de hacer los deberes después de la merienda sin que yo te lo recuerde quizás no resulta la mejor, porque podría ser que se te olvidara...

—Es verdad, tiene que ser otra.

—A ti ¿cuál te gusta más?

—Pues quizás la de invitar a Borja a hacer los deberes conmigo.

—Vale. Entonces habrá que preguntar a Borja si le parece bien y pedir a sus padres si podemos hacerlo de ese modo.

—Y, si eso no puede ser, vendré a hacer los deberes a tu lado cuando estés trabajando en el estudio.

Con la solución ya en la mano, la pondremos en marcha con la plena confianza de que va a funcionar. En caso de que no surta efecto —algo poco probable, tratándose de una idea del propio niño—, será necesario que volvamos a sentarnos para escoger otra según su propuesta.

La importancia de hablar de nosotros

A menudo nuestra atención para con los hijos es tan intensa que contribuimos a crear la sensación de que todo da vueltas a su alrededor, de modo que es muy conveniente que les hablemos de los sentimientos y de las necesidades de los demás. Es bueno hacerlo siempre que podamos al hablar con ellos. Es una manera de ayudarles a acostumbrarse a que son parte de un universo en el que hay otros astros, a parte de ellos mismos, personas que son tan importantes como ellos y que deben ser tomados en consideración. Contarles cómo nos sentimos en ciertos momentos ayudará a abrir la perspectiva, y, de paso, hará que aprendan a meterse en nuestra piel. Va muy bien obrar así cuando queremos corregir una actitud que nos afecta negativamente:

—Sergio, cuando veo tu ropa por el suelo me siento despreciada. ¡Es como si tuviera que hacer el papel de la criada ante su señorito, y no veas cómo me fastidia!

Hay que decirlo no en tono de regaño, sino en un tono constructivo, como quien explica al niño algo serio y novedoso, que hasta el momento desconocía. De este modo, la información le llegará como tal, y podrá así integrarla como un dato a tener en cuenta, libre de carga emocional.

Hablar de nosotros también es una buena manera de educar en los valores, una expresión que se utiliza mucho pero que no queda muy claro en qué consiste. Educamos en los valores cuando explicamos a los hijos que hemos defendido a un chico de otro que quería agredirle. O cuando les hablamos de un conflicto que hemos vivido y de cómo lo hemos solucionado, explicando claramente nuestra posición al otro y teniendo en cuenta sus necesidades. Lo hacemos también cuando colaboramos con nuestra pareja para dar con una solución a un problema que es más suyo que nuestro; o cuando estamos pendientes de las necesidades de los ancianos; igualmente cuando hablamos con respeto de todo tipo de gente; cuando nos mostramos compasivos; cuando hacemos deporte y cuidamos lo que comemos; cuando compramos responsablemente; cuando nos ponemos un objetivo y perseveramos, a pesar de que nos cueste; cuando llevamos una cartera que encontramos en la calle a la oficina de objetos perdidos... Todas esas y muchas actitudes más, vividas cerca de nuestros hijos constituyen una educación en los valores.

Invitar al niño a mirar las cosas desde el punto de vista de los demás

También podemos ayudar a nuestro hijo a comprender mejor situaciones y personas si lo invitamos a pensar cuál debe de ser el punto de vista de los demás. Imaginad que nuestra hija nos suelta:

—Micaela es una mentirosa: me dijo que pasaría a recogerme para ir juntas a la clase de música, y no ha pasado.

Cabe la posibilidad de que nuestra hija tenga razón y que, por tanto, Micaela sea, lisa y llanamente, una mentirosa. Pero en todo caso no estamos seguros de ello, así que podemos aprovechar la ocasión para abrir posibilidades en su mente. Podemos decir, por ejemplo:

—Caramba, ¿no ha venido? En caso de que no lo haya hecho adrede, ¿qué crees que le puede haber ocurrido?

Quizás entonces nuestra hija pensará que Micaela puede haberse olvidado, o que no se ha encontrado bien, o que... Resulta valioso que una persona sea capaz de concebir un abanico de posibilidades, en vez de limitarse a un juicio precipitado.

Regañar

A menudo, cuando nos desagrada lo que han hecho nuestros hijos, les regañamos. El mejor modo de hacerlo es describiendo lo que ha ocurrido desde nuestro punto de vista, aclarando lo que debería haber pasado en vez de lo que ocurrió y, lo más importante, buscando una manera de arreglar lo sucedido (si es posible) y un compromiso para que no vuelva a ocurrir. Algo así como:

—Salva, en vez de utilizar el dinero que te he dado para invitar a la abuela a merendar, como te dije, le has comprado magdalenas envasadas y te has ido a los autos de choque, donde te has montado con tus amigos. No me parece nada bien. ¿Cómo piensas arreglar el desaguisado? Y, por otro lado, ¿cómo lo vamos a hacer para asegurarnos de que no volverá a suceder en una nueva ocasión?

De este modo, establecemos el acuerdo de que algo como eso no puede ocurrir una segunda vez (ya que, en caso de que se repita, habremos pactado también ciertas consecuencias).

Conflictos entre hermanos

Suelen ser los momentos más fastidiosos para los padres:

—¡Mamáaaaaa, Jonathan no me presta las piezas que necesitoooooo!

—¡Porque ella me ha roto las almenas del castillo sin pedirme permiso!

—¡No es verdad! ¡Yo solo he cogido una cosa que necesitaba y, encima, te he avisado!

—Avisar no es pedir, ¡y además te he dicho que no podías cogerla!

¿Qué tenemos que hacer, los padres y las madres, en casos como los que hemos ilustrado? La respuesta es sencilla: nada. Debemos apartarnos del problema como quien se aleja prudentemente de un par de leones hambrientos. Dicho sea de forma más positiva: tenemos que dar a los hijos la oportunidad de encontrar una solución a su conflicto sin nuestra participación. Si nos ponemos en plan juez, estamos perdidos. Por tres razones:

• Porque difícilmente seremos justos, ya que es imposible saber qué ha pasado sin disponer de una grabación que podamos rebobinar.

• Porque alguno de nuestros hijos se sentirá menos favorecido que el otro por nosotros.

• Porque acostumbraremos a los niños a recurrir a terceros cuando tengan un problema entre ellos.

Hay que tener claro que resulta más educativo dejar que los niños hagan aflorar sus propios recursos. Muchas veces dichos recursos funcionan y sirven para llegar a acuerdos, sobre todo cuando no hay ningún adulto merodeando por ahí de quien los niños sospechen una pronta intervención. Por lo tanto, lo mejor que podemos hacer cuando los hijos discuten es alejarnos del lugar de los hechos. Si reclaman nuestra participación, nuestra respuesta debe ser del tipo:

—Estoy segura de que encontraréis una solución a lo que os pasa.

O bien:

—Se trata de un problema entre vosotros. Debéis encontrar la manera de solucionarlo sin mí.

O acaso:

—Yo sé que sabréis poneros de acuerdo.

Y una vez hemos anunciado que confiamos en sus posibilidades, tenemos que confirmar que no vamos a meternos para nada en el asunto, y alejarnos del lugar donde están ellos. Si podemos irnos un poco lejos a desarrollar alguna tarea que reclame nuestra atención de forma intensiva, mucho mejor. Vayamos a la cocina y cocinemos con la campana extractora de humos a todo trapo (de modo que quede bien claro que no les oímos), apartémonos a tender la ropa si tenemos el tendedero algo lejos... Cualquier cosa que ilustre gráficamente que nos apartamos del conflicto, que no pensamos involucrarnos en él. Os asombrará la capacidad de los hijos de resolver los conflictos entre ellos cuando saben que no pueden contar con nuestra participación.

Igual pensamos que van a resolver los problemas a tortazo limpio (o de forma agresiva, el más fuerte de ellos), pero la mayoría de las veces no es así: serán capaces de llegar a un acuerdo que les parezca suficientemente bueno a los dos. Lo podréis comprobar si más tarde les preguntáis cómo lo hicieron para encontrar la solución. Los niños son mucho más creativos y flexibles de lo que, a menudo, pensamos los padres, pero solo si saben bien que dependen de sí mismos y que nosotros no vamos a intervenir para ayudarles en sus acuerdos.

No obstante, puede haber algún caso en el que no haya manera de actuar así.

Casos en los que se hace imprescindible intervenir

Son tres:

1. Cuando hay una agresión.

2. Cuando uno de ellos está llorando.

3. Cuando uno de ellos sistemáticamente se deja pisotear sin tratar de defenderse.

En los casos apuntados —que no incluyen, huelga decirlo, cuando hay un hermano menor que tiene menos «poder» que el mayor— debemos intervenir de manera que eso les sirva para dos cosas:

- Evitar que lo que ha ocurrido se repita.
- Adquirir nuevas herramientas para echar mano de ellas en situaciones de conflicto. ¿Cómo podemos hacerlo?

1. Cuando se produce una agresión.

Acudimos al lugar de los hechos y nos ocupamos exclusivamente del agredido. Ponemos toda nuestra atención en él: comprobamos los posibles daños, lo consolamos y nos lo llevamos del sitio que comparte con su hermano. En ningún caso nos dirigiremos al agresor para nada.

Tiene que quedar claro que, con esa actitud, no estamos dando por hecho que quien lleva razón es la víctima (que, como todos podemos suponer, puede ser que hubiera empezado la disputa con una provocación). Lo único que estamos haciendo es dejar sin atención a quien agredió. Más adelante ya tendremos ocasión de hablar de cómo fueron las cosas. Sin embargo, en un primer momento lo importante es hacer hincapié en que una agresión resulta inadmisible como respuesta, y eso lo lograremos si centramos toda nuestra atención en quien la sufrió y la retiramos por completo de quien la perpetró. Cabe considerar que la atención es siempre un refuerzo positivo, y que cuando regañamos a alguien le estamos dispensando una dosis de atención, por mucho que sea «negativa».

Una vez hayamos atendido a la víctima (víctima de la agresión, no necesariamente del conflicto), dejaremos pasar un rato —por lo menos, media hora— antes de dirigirnos al que cometió la agresión. Cuando lo hagamos, nos sentaremos a su lado y le preguntaremos cómo fueron las cosas. Lo haremos partiendo de la extrañeza por su comportamiento y con neutralidad, intentando encontrar una explicación. Así:

—Lucas, ¿qué ha ocurrido con tu hermano para que le hayas pegado un puñetazo? Debió de pasar algo muy grave, sabiendo como tú sabes que eso no hay que hacerlo jamás… Hemos hablado en alguna ocasión de la importancia de no hacer daño a los demás, y, por lo tanto, supongo que hubo un problema grave, para reaccionar de esa manera…

En ese momento, el niño tendrá la oportunidad de explicar el agravio que le llevó a agredir a su hermano. Nosotros nos limitaremos a escuchar y a preguntar, y, cuando el niño termine, diremos:

—Vaya, ¡qué lástima! Ahora vamos a pensar qué hacer la próxima vez que suceda algo similar en lugar de pegarle. ¿Qué ideas se te ocurren?

Estamos ayudando al niño a buscar alternativas para una próxima ocasión. Pensaremos juntos cómo actuar cuando sienta el impulso de agredir. Es muy importante que sea él mismo quien sugiera posibilidades, y para ello podemos preguntarle «¿Qué maneras se te ocurren?» o «¿Cómo te parece que podrías responder ante eso la próxima vez?».

Cuando el niño haya propuesto alguna alternativa, daremos nuestra opinión y estableceremos un acuerdo sobre el tema. Por ejemplo:

—Entre las dos ideas que tienes: la de venir a buscarme cuando Roque te coja las cosas sin pedírtelas o la de marcharte con ellas a otra parte, a mí me parece que merece la pena que pruebes la segunda, vamos a ver qué sucede. ¿Te parece bien que lo hagamos así la próxima vez y que, cuando lo hayas probado, me expliques qué tal te fue?

Fijaos que no somos nosotros los que le decimos qué tiene que hacer. Solo le ayudamos a elegir entre sus ideas, y, a continuación, le preguntamos si está de acuerdo en probarlo la próxima vez. Y nuestro papel no termina ahí, sino que le ofrecemos nuestro apoyo, mostrándonos dispuestos a hablar de cómo fue la prueba. Así, el niño que cometió la falta:

• Tiene preparada una alternativa para no volver a hacer lo mismo.

• Expresa el compromiso de probar esa alternativa.

• Sabe que tendrá nuestro apoyo si la pone en práctica.

Lo más probable es que, cuando haga lo que hemos establecido, venga a anunciarnos que el problema se resolvió bien. Si, por algún motivo, nos explica que la solución no ha funcionado, volveremos a acordar una nueva manera y lo invitaremos de nuevo a explicarnos cómo fue esa segunda vez. De este modo, irá aprendiendo distintas respuestas alternativas a la agresión.

2. Cuando alguien llora.

Cuando nuestros hijos tienen un conflicto entre ellos y nos enteramos porque uno de ellos está llorando, es inevitable acudir donde están.

La tentación inmediata sería preguntar:

—¿Qué ha pasado?

Entonces los niños echan a hablar al mismo tiempo (o uno habla mientras el otro sigue llorando) y nosotros no tenemos más remedio que poner orden. El problema está en la pregunta que hemos hecho: «¿Qué ha pasado?». La pregunta tiene dos problemas: en primer lugar, es imposible obtener una respuesta cuya verdad pueda ser aceptada por todos, ya que cada uno ha visto lo que ha ocurrido desde una perspectiva distinta y posiblemente lo que es verdad a pies juntillas para uno será inexacto para el otro. En segundo lugar, preguntando «¿qué ha pasado?» nos estamos situando en la posición del juez. Los jueces, en los juicios, pretenden saber la verdad de los hechos y, para ello, disponen de declaraciones de las partes, de pruebas, testimonios… Y, finalmente, deciden quién tiene razón. Si, como padres pretendemos saber qué ha ocurrido y finalmente decidimos cómo tiene que resolverse el tema, estamos perdidos: la respuesta está en las tres razones que daba al inicio de este apartado de conflictos entre hermanos.

10 pasos para intervenir bien en un conflicto entre hermanos

Así pues, ¿qué hay que hacer en vez de situarnos en el papel de jueces? Veámoslo imaginando un conflicto entre Juana y Germán. La manera adecuada de actuar es la siguiente:

1. Pedir al que llora (generalmente suele ser el más pequeño) que, tomándose su tiempo, intente calmarse para poder hablar. Podemos ayudarle abrazándolo o acariciándolo.

2. Invitar a los niños a sentarse el uno al lado del otro (no es nada indiferente el modo en que nos sentamos para hablar. Hay que evitar ponerlos el uno delante del otro, porque eso refuerza la idea de enfrentamiento), diciendo al mismo tiempo: «Venga, chicos, nos sentamos y hablamos del tema».

3. Si empezamos a hablar a la vez dando cada uno su versión del problema y discutiendo, hay que decir: «Venga, que no se trata de saber quién lleva razón. ¿Os echo una mano?

4. Cuando hayan confirmado que sí lo quieren y, por tanto, se han callado y escuchan, hay que decir:

—Lo que ha sucedido os ha molestado mucho a los dos. Sin duda los dos tenéis motivos para haberos sentido mal. Juana, ¿qué es lo que te hizo enfadar a ti? (Fijaos que la pregunta no es «¿Qué ha pasado?», sino ¿Qué es lo que te ha molestado?».)

Si, mientras Juana está hablando, su hermano la interrumpe, diremos a este:

—Germán, en cuanto Juana termine, te escucharemos atentamente a ti y podrás opinar sobre lo que dice. Solo tienes que escucharla un poquitín más.

Cuando el primero, en este caso Juana, termine de explicar lo que la ha disgustado, es necesario que nosotros parafraseemos lo que ella sostuvo. Parafrasear consiste en explicar lo mismo utilizando otras palabras. Por ejemplo, si Juana ha dicho:

—¡Germán quería probar el barquito en el fregadero, pero yo estaba allí limpiando la tortuga, y, como él no quería esperar, me ha dado un empujón, me ha hecho caer del taburete y encima me ha mojado a posta!

Nosotros, para parafrasear, diremos:

—Entiendo que, mientras limpiabas la tortuga encaramada en el taburete, Germán quería ponerse en el fregadero, te ha pegado un empujón y, encima, te ha dado un remojón.

—¡Exacto!

—Entendido.

La virtud del ejercicio de parafrasear consiste en que a quien escucha le llega la versión del que habla dicha en un tono distinto de voz, libre de carga emocional (de rabia, de tensión...).

A continuación, preguntémosle qué tal se ha sentido ante los hechos que relata.

—Y cuando ha ocurrido todo eso, ¿qué tal te has sentido?

—¡Mal! ¡Me he enfadado mucho!

—Te has enfadado. ¿Quieres decir algo más?

Esta última pregunta, invitando a añadir algo, resulta muy útil por dos motivos:

• Transmite la sensación de que todo cuanto el niño quiera decir nosotros estamos dispuestos a escucharlo.

• Ayudará a evitar interrupciones cuando hable la otra persona, y, si interrumpe, podremos recordarle que ya le preguntamos si quería añadir algo.

5. Cuando uno de los dos haya contestado a la pregunta inicial «A ti, ¿qué es lo que te ha molestado?», haremos la pregunta al otro:

—Y a ti, Germán, ¿qué es lo que te ha molestado?

Es posible que Germán quiera hacer algunas rectificaciones, aprovechando su turno. Ningún problema, escucharemos lo que tenga que decir. Por ejemplo:

—Ante todo, esta niña es una mentirosa. ¡Yo llevaba tres horas esperando a que ella terminara de limpiar la tortuga para probar mi barco, pero ella no acababa nunca! Le he dicho que se diera un poco de prisa y ella, por el contrario, ha seguido con la misma pachorra, y hasta iba súper lenta a propósito. Al final, la he hecho bajar del taburete porque me estaba tomando el pelo, ¡y entonces me ha insultado! ¿Qué querías que hiciera? La he mojado porque no tiene ningún derecho a insultarme.

Cuando haya terminado, llegará nuestra paráfrasis. Podría ser algo así:

—Así, tú dices que Juana tardaba mucho en dejar libre el fregadero, como si quisiera hacerte esperar a propósito para chinchar, y que tú, harto de esperar, la hiciste bajar a la fuerza, la insultaste y la mojaste como respuesta.

Y, a renglón seguido, la pregunta sobre los sentimientos implicados:

—Y cuando ha ocurrido todo eso, ¿qué tal te has sentido?

—Muy enfadado. Era como si se burlara de mí.

6. Cuando los dos hermanos hayan expuesto sus razones, hay que hacer la pregunta siguiente:

—¿Cómo debería haber ido todo para que no se hubiera dado ese conflicto?

Es posible que Germán tome de inmediato la palabra para decir:

—¡Que no me hubiera hecho esperar tanto!

Y que Juana diga:

—¡Que no me hubiera dado un empujón!

7. Entonces llega el turno del padre o la madre, que recogerá lo que uno y otro hubieran querido.

—Deduzco, de lo que decís, que Germán hubiera preferido que Juana se diera más prisa y que Juana hubiera querido que Germán se lo pidiera bien.

—¡Yo, primero, se lo he pedido bien!

Haciendo caso omiso de ese u otros comentarios espontáneos, seguimos:

—¿Cómo os parece que podríais actuar la próxima vez que se dé una situación similar?

Se trata de un momento muy importante de la conversación: no estamos juzgando lo que ha ocurrido, quién hizo bien y quién hizo todo lo contrario, sino que estamos construyendo una alternativa para el futuro. Es preciso que tengamos paciencia en este punto y que esperemos a que sean los propios niños los que den ideas. Podemos animarles a que piensen:

—Venga, Juana, a ti ¿qué se te ocurre? Y tú, Germán, ¿acaso

tienes alguna buena idea...? Por lo general, tenéis ideas interesantes...

Entonces es probable que hagan aportaciones del tipo:

—Pues la próxima vez que le diga que se dé prisa, ¡que lo haga! ¡Que no me haga esperar como si yo tuviera todo el día!

—Cuando se quiera poner en algún sitio que esté ocupado, tiene que pedirlo bien...

8. Vuelve a ser nuestro turno:

—Entiendo que estáis de acuerdo en intentar ser más amables el uno con el otro la próxima vez. De lo que decís, se deduce que la próxima vez Juana deberá intentar no hacer esperar tanto, y que Germán tendrá que pedir las cosas con tacto. ¿Es así?

Ellos van a responder que sí, porque estamos prefigurando un acuerdo que permite a los dos salir airosos de la situación, ya que nuestra fase reconoce las necesidades de los dos y recoge las quejas de ambos.

9. Ya podemos zanjar el tema con una conclusión constructiva:

—Entendido: la próxima vez, ¡seguro que lo hacéis mejor!

10. A continuación, vamos a ayudarles a pasar página cambiando de tema, hablando de algo que nada tenga que ver con el conflicto. Por ejemplo:

—Por cierto, hoy vino la tía y trajo tarta de arándanos.

Si actuamos de este modo, no será necesario abordar todos los detalles del conflicto, como el insulto o el remojón. No será necesario tratar todas esas cuestiones si podemos cerrar un acuerdo general partiendo de la respuesta a la cuestión «¿Cómo deberían haber ido las cosas para que nada de todo eso hubiera ocurrido?».

3. Cuando hay alguien que siempre se deja pisotear y no trata de defenderse.

En este caso, debemos intervenir para que el hermano remiso recupere su poder. La mejor manera de hacerlo es hablando con él en un momento de tranquilidad:

—Pablo, quiero que hablemos sobre qué hay que hacer cuando Ricardo haga algo que no te gusta. Es muy importante que sepas decirlo y que te hagas entender. ¿Por qué crees que es tan importante?

Así es como podemos empezar una reflexión que nos ocupará un tiempo, porque deberemos renovarla cada vez que nos percatemos de que el niño no ha sido capaz de hacer sentir su voz ante su hermano.

Cuando tengamos ocasión de asistir a un problema entre ellos, iremos hacia el lugar de los hechos y ayudaremos al más débil, no argumentando en su lugar, sino dándole la palabra. Por ejemplo, si el hermano mayor le arrebata algo que él estaba utilizando:

—Pablo, la plastilina que está usando Ricardo, ¿no la tenías tú hace un rato?

—Sí, pero es que él también la quiere y yo ya he estado esperando...

—Ricardo, ¿pediste a Pablo si le importaba que le cogieras la plastilina?

—Yo la he cogido y él no ha dicho nada.

—Pablo, ¿qué has pensado tú cuando Ricardo te ha cogido la plastilina que tenías sin decirte nada?

—Pues... que tendría que habérmela pedido.

—De acuerdo. Pues díselo.

—...

—Venga, díselo. Dile lo que has pensado.

—Tienes que pedirme la plastilina, si la tengo yo...

—¿Me dejas la plastilina?

—Sí.

—Fíjate, Ricardo, que era muy sencillo ser considerado con Pablo. ¿A ti te gusta cuando él te pide las cosas?

—Pues claro.

—Pablo, Ricardo ha entendido muy bien que tendría que haberte pedido la plastilina. Por lo tanto, si en alguna otra ocasión se olvida de ello, tú se lo recuerdas.

Como en el caso anterior, también aquí resulta útil preguntar al niño acerca de sus sentimientos. No se trata de juzgar la acción de un hermano, sino de transmitirle el efecto que ha tenido sobre los sentimientos del otro. Podemos hacerlo en cualquier momento de la charla que acabamos de ver. La pregunta va como sigue:

—Pablo, ¿cómo te sentiste cuando Ricardo se olvidó de pedirte permiso?

Si el niño se resiste a hablar de cómo se sintió, podemos echarle una mano.

—No sé. Me pareció mal, supongo...

—Lo que quiero decir es si eso te ha mosqueado. ¿O acaso te ha puesto triste? ¿Te ha puesto contento? ¿Cómo te sentiste?

Una vez lo haya dicho, no hace falta que lo comentemos. El objetivo está cumplido: él ha conseguido identificar lo que siente y expresarlo, y su hermano ha podido escucharlo.

Qué hay que hacer cuando un hijo viene a quejarse de su hermano

Cuando tenemos claro que no queremos intervenir en un conflicto entre hermanos, pero uno de ellos viene a quejarse del otro, ¿qué hay que hacer?

Lo primero sería preguntarle:

—¿Has hablado de esto con tu hermano?

Si ya lo ha hecho, hagámosle estas preguntas:

—¿Qué le has dicho?

—¿Y qué te ha respondido?

—¿Por qué crees que te ha respondido eso?

—¿Qué piensas que podrías decirle para que entienda cómo te sientes?

Una vez tomada la decisión sobre lo que va a decirle, debemos impulsarlo a hacer la prueba.

Si al rato vuelve sin haber conseguido reequilibrar la situación, tenemos que preguntarle si quiere que lo acompañemos a hablar con el otro.

En caso afirmativo, salimos al encuentro del hermano y le decimos:

—Oye, tu hermano quiere hablar un ratito contigo.

Acto seguido, desempeñamos nuestro papel tal como hemos descrito en los «10 pasos para intervenir bien en un conflicto entre hermanos».

HABLAR DE LOS HIJOS

Hasta ahora hemos tratado sobre cómo hablar *con* los hijos. ¿Y cómo debemos hacerlo para hablar *de* los hijos con las personas con quienes tenemos que colaborar para educar juntos? A menudo hay que llegar a acuerdos con personas cercanas a los niños, sean o no de la familia, sobre la manera de ayudarles, sobre los límites, sobre la responsabilidad... Y nuestro criterio de padre o de madre no siempre coincide con el de esas otras personas. ¿Hasta qué punto es eso importante? Y si lo es, ¿cómo podemos gestionar la situación? Este capítulo trata de esto: de cómo hay hacerlo para hablar de nuestros hijos con la pareja, los abuelos, otros padres y madres...

Hablar de los hijos con su padre o su madre

El padre o la madre de la criatura pueden ser nuestra pareja en ese momento o no serlo. Como la situación resulta de todo punto distinta, también lo será el modo en que lleguemos a acuerdos con él o ella.

Padres que son pareja

Ni siquiera cuando somos pareja de alguien estamos de acuerdo en todo respecto al mejor modo de educar a los hijos comunes. Antes de tener hijos, los padres intuimos que será relativamente fácil ponernos de acuerdo con nuestra pareja sobre las cuestiones educativas (de otra forma, hubiéramos descartado la posibilidad de tener hijos juntos). No obstante, a medida que los niños y niñas crecen aparecen diferencias de criterio. En ocasiones, los temas son irrelevantes, pero en otras son verdaderamente importantes. Según cómo se gestionen dichas diferencias de criterio, la pareja irá configurando un equipo sólido o se irá agrietando (y eso independientemente de la importancia de los temas a tratar). Por eso es fundamental tener en cuenta las siguientes ideas:

• Reservar un tiempo limitado para tomar decisiones con los hijos.
• Determinar lo que es más y menos importante para cada cual, y ceder una de cada dos veces.
• Ser coherentes con la decisión que hemos tomado.

Reservar un tiempo limitado para tomar decisiones sobre los hijos
No podemos estar permanentemente ocupados hablando de los hijos y solo de ellos. A pesar de su importancia capital en nuestra vida y en nuestra relación, los padres no somos solos padres. Es necesario que acordemos qué lapso (o lapsos) de tiempo semanal destinaremos a dialogar sobre criterios educativos para que el tema de los hijos no anule cualquier otra actividad y también para evitar que las discrepancias se alarguen eternamente sin que haya manera de cerrarlas mediante acuerdos estables.

Por ejemplo, imaginemos que nuestra pareja aboga por ser muy estrictos en el control sobre todo lo que nuestro hijo come en el desayuno y en la merienda. Por ejemplo, quiere incluir una pieza de fruta en cada una de las comidas y no está dispuesto a tolerar que el niño coma dulce alguno que contenga azúcar blanco. A nosotros, en cambio, nos parece que el niño tiene que poder comer de todo, incluso azúcar blanco, y que no debemos ser demasiado controladores en ese sentido. Por lo tanto, si a mí no me importa en absoluto que el niño se meriende unas ensaimadas y eso molesta profundamente a mi pareja, este puede ser un tema de discusión reiterativo, que se repita todos los días. Es bueno que me plantee que tengo dos opciones: discutir con él cada vez que salga la cuestión, para ver si algún día cambia de opinión; o bien intentar cerrar un acuerdo que nos permita no tener que hablar más de ello.

Ese acuerdo, claro está, puede hacerse siguiendo el criterio de mi pareja o el mío. La cuestión que aquí nos ocupa es la siguiente: ¿cuándo y cómo es mejor resolver un tema como este?

Mi propuesta es que los padres destinemos un tiempo determinado a hablar y acordar cuestiones referidas a los niños. Por ejemplo, los viernes de 4 a 5 de la tarde, al mismo tiempo que nos tomamos un café en el bar de la esquina. Durante esa hora intentaremos resolver las cuestiones en que haya que unificar criterios.

No es necesario resolver todas las diferencias en un solo día; si un viernes hablamos de los desayunos y las meriendas, otro podemos dedicarlo a tratar la hora de acostarse. Lo importante es que podamos cerrar los temas y que dejen de lastrarnos indefinidamente.

Todo eso no significa, por supuesto, que cuando surge un tema capital sobre el que hay que posicionarse inmediatamente en tanto que padres no podamos hablar de él sea la hora que sea; significa más bien que tenemos que encontrar la manera de evitar que las diferencias de criterio sobre los niños ocupen todas nuestras conversaciones a lo largo de la semana. Reservar nuestra opinión y exponerla en el momento acordado para hablar del tema es una magnífica manera de poder cerrar acuerdos sólidos y duraderos.

Determinar lo que es más y menos importante para cada cual,
y ceder una de cada dos veces
Como, al ser dos en el ejercicio de la educación, hay que incluir criterios distintos de los nuestros, debemos encontrar una manera de hacerlo que sea lo más respetuosa posible con las prioridades de cada cual. Por lo tanto, hay que poder determinar la im-

portancia de cada elemento. Una vez lo hayamos hecho, debemos ceder en lo que sea menos importante para nosotros ante lo que es más importante para el otro miembro de la pareja.

Veámoslo con un ejemplo: si se da el caso de que para mí resulta de vital importancia la hora de acostarse, y bajo ningún concepto estoy dispuesta a admitir que mi hijo pueda hacerlo más allá de las diez de la noche, pondré un 10 en importancia a ese tema (en una escala de 0 a 10). En cambio, quizá pondré un 6 en la importancia que tiene para mí permitir que nuestro hijo coma azúcar blanco. Esto significa que para mí resulta más importante que se acueste temprano a que coma o no ensaimadas. De este modo, si tras un debate racional con mi pareja en el que se expongan todos los argumentos no hay manera de ponernos de acuerdo sobre el dulce o la hora de acostarse, una posible salida al atasco es que yo cedo en lo referente a la comida y mi pareja respete mi criterio sobre el dormir. Por lo tanto, acordaremos que el niño no comerá jamás azúcar blanco y que se acostará, como tarde, a las diez.

Conviene, claro está, que seamos honestos al dar más o menos importancia a los temas: alguien que suela repetir que sus propuestas tienen para él una importancia de 10, es alguien que pretende imponer su criterio sin ninguna flexibilidad, y será muy difícil llegar a acuerdos con él.

Ser coherentes con la decisión que hemos tomado

Es necesario que, una vez acordado algo, lo que sea, lo mismo si nos encanta la solución como si hubiéramos preferido otra, seamos respetuosos con el acuerdo. Eso significa que dejaremos de comprar azúcar blanco y que, al poner miel o azúcar moreno a los yogures de nuestro hijo, no diremos por lo bajini «¡Qué manías!»; y que nuestra pareja, a las diez menos cuarto, hará que el niño se encamine hacia su habitación para acostarse sin darle ningún tipo de margen.

Padres que no son pareja

Como cada vez es más frecuente que el padre y la madre de un niño no vivan bajo el mismo techo, vale la pena detenernos a pensar qué hay que tener en cuenta para favorecer al máximo la buena educación de los hijos y la concordia entre los padres.

En primer lugar, cabe decir que solo hay que acordar con la otra persona lo más importante. Cuando cada uno vive en su casa, es natural e inevitable que cada cual haga las cosas a su manera, y las dos pueden ser muy diferentes, y hasta opuestas. En virtud de la educación de los niños en los valores, debemos encontrar coherencia en lo más importante, pero no es necesario que persigamos una coherencia general. De hecho, si lo intentamos, en la mayoría de los casos no vamos a lograr nada, y nuestra vida se convertirá en un esfuerzo de control constante.

Lo más importante es lo siguiente:

• El respeto a la persona del niño.
• El respeto a toda la familia del niño.
• No trasladar a los niños problemas que nos corresponden a nosotros.
• Y algunos temas estructurales, tales como si tiene que ir a la escuela y a cuál, quién se hace cargo de según qué gastos y temas médicos de consideración.

Por supuesto, hay otros asuntos igualmente muy importantes, como:

• La compasión.
• La responsabilidad.
• El valor del aprendizaje mediante el esfuerzo.
• …

Pero, por importantes que sean todas esas cuestiones, las tres primeras lo son todavía más. Cuando el padre y la madre no son pareja es muy probable que no compartan los mismos valores o que no estén de acuerdo en la manera de trasladarlos a los hijos. Querer cambiar esta situación deviene en un esfuerzo baldío. Hay que asumir que el otro hace las cosas a su manera y que a nosotros nos corresponde respetarlo, nos guste más o menos. Debemos saber que nuestro hijo tendrá dos modelos distintos y que eso puede ser bueno para aprender que no hay uno inequívoco y sanseacabó, y que de mayor podrá generar el suyo propio. Cuantos más modelos tengan los niños, más capaces serán de abrir su mente a todas las posibilidades, lo cual puede ser un valor de la diferencia de estilos del padre y la madre que no viven juntos. Al fin y al cabo, los niños y niñas, en su etapa en la escuela primaria, no se desconciertan porque sus distintos maestros tengan grados de exigencia diversos o den valor a cosas diferentes, sino que rápidamente reconocen que eso es algo que concierne al estilo de cada cual y se adaptan a la variedad de demandas.

No obstante, ponernos de acuerdo con el padre o la madre de nuestros hijos respecto a los asuntos importantes resulta imprescindible para evitar el sufrimiento de todos (padres e hijos) y para evitar el mal ejemplo a los niños y niñas, los cuales, de mayores, es posible que también tengan que entenderse con el padre o la madre de sus criaturas cuando se hayan separado.

Para que eso sea posible, es menester que por lo menos uno de los dos tenga claro que:

La relación entre los padres vista por los hijos es más importante que el orgullo personal
Da lo mismo si somos víctimas de una jugarreta imperdonable o si tenemos que tratar con un/a indeseable. Para nuestros hijos, somos el padre y la madre, y ellos necesitan saber dos cosas: que nos podemos entender en lo fundamental y que nos tratamos con respeto. Idealmente, también deben ser conscientes que nos queremos, aunque no nos entendamos y, por ello, hayamos decidido vivir cada uno en su casa. Pero, cuando menos, tienen que poder observar que sus padres, aun y no congeniar, se respeten mutuamente. Y eso, por tres razones: porque, para un

niño, respetar al padre o a la madre equivale a que se le respete a él mismo; porque por medio de nuestro comportamiento ellos aprenden un modelo de relación; y porque para crecer psicológicamente sanos todo ello resulta de todo punto imprescindible.

Es necesario que los niños y niñas puedan vivir su vínculo con el padre y con la madre sin sentimiento de culpa ninguno, sin sentir que la lealtad a cualquiera de los dos es una traición hacia el otro. Para hacerlo, deben poder compartir sus experiencias con los dos y sentir que nuestra recepción de lo que nos cuentan se corresponde con los sentimientos que ellos tienen. Si fueron con mamá a subir una montaña, es necesario que papá valore el esfuerzo que hicieron hijos y madre, y que comparta su satisfacción al haber coronado la cima. Si el padre los llevó al cine, la madre debe interesarse por la película y preguntar qué les pareció.

Es preciso que observen que hablamos con un tono adecuado, que decidimos conjuntamente todo lo que es importante y que tenemos un sentimiento de respeto hacia el otro.

Por más razones que nos parezca que albergamos para justificar que no nos comportemos con respeto y hasta con generosidad hacia la madre o el padre de nuestros hijos, ninguna de ellas es más valiosa que las necesidades profundas de los hijos.

Hay que hablar de un modo constructivo
Tenemos que comunicar las decisiones que hemos tomado y explicar por qué. No decir lo que el otro no hace bien. Reconocer todo aquello que podamos imitar.

Hablar de un modo constructivo, se ve a la legua, es lo contrario de hacerlo de un modo destructivo. Es el modo de hablar que nos permite llegar a un sitio mejor, edificar posibilidades de entendimiento en el futuro y ahorrarnos problemas en el presente. Es sencillo y muy estimulante constatar los magníficos resultados que nos procura. No hay más que acostumbrarse, con algo de práctica, a tener en cuenta las ideas siguientes:

Es imprescindible evitar las críticas y los reproches
Cuando nos dirijamos al padre o a la madre de los hijos comunes, debemos hacerlo centrándonos en el momento presente y con la mirada puesta en el futuro inmediato. No debe ser relevante el daño que nos hayamos hecho el uno al otro, ni la visión negativa que podamos tener de él o ella. Debe prevalecer por encima de todo la idea de que es el padre o la madre de nuestra criatura, tanto si nos gusta como si no, y la de que es necesario que nos entendamos tanto como sea posible. Por consiguiente, no juzguemos su conducta. Cuando debamos mostrar nuestro desacuerdo, lo haremos de una manera tranquila y respetuosa, y siempre en forma de pregunta. ¿Qué preferís que vuestra pareja os diga?:

—¿Tú crees que Rita tiene que recibir dinero cada semana? Igual no he pensado suficientemente en ello. A mí me parece que debemos valorar juntos si eso puede ser bueno para ella.

O bien:

—Dice Rita que ahora le das dinero cada semana. ¿Cómo se te ocurre? ¡Menudo disparate, parece mentira que no veas que eso no le conviene nada!

Pensad en cuál de los dos casos ofrece más posibilidades de conseguir que se hable conjuntamente del tema y de que ambos estéis dispuestos a llegar a acuerdos.

Otro ejemplo. Sugiero que decidáis mediante cuál de las dos fórmulas lograréis antes vuestro propósito:

—No me parece nada bien que cuando tienes los niños se queden con la canguro porque tú tienes que trabajar. No veo qué sentido tiene que vayan a tu casa, entonces. ¡Para eso no era necesario que insistieras tanto en que querías tenerlos los sábados! Hasta que no encuentres una solución, es mejor que se queden conmigo, que estarán mejor.

O bien:

—Entiendo que los sábados tú trabajas y no puedes estar demasiado por los niños. Supongo que debe de ser por eso que has contratado a una canguro. ¿Cómo puedo ayudarte para que no tengan que quedarse con ella? ¿Quieres que hagamos un cambio de día? ¿Te iría bien, por ejemplo, que se quedaran conmigo mientras tú estás fuera?

Pero, aparte de dedicar esfuerzos al planteamiento por razón de efectividad (el otro nos escuchará más en la medida en que seamos más empáticos y amables), en un caso como ese también hay que hacerlo porque nuestra expareja es libre de determinar qué debe hacer con los hijos cuando están a su cargo, y el segundo planteamiento es el único que muestra respeto. Si, una vez nosotros hemos dicho lo que debíamos decir, él decide que la canguro es su mejor opción, debemos guardarnos muy mucho de expresar lo que pensamos.

Ya se ve que para poder tener una actitud como la descrita hace falta poder «perdonar» o, cuando menos, obviar los «pecados» del otro/a, por mucho que hayan frustrado nuestro proyecto de familia. Si lo hacemos así, nos libraremos de una pesada carga, facilitaremos los acuerdos y haremos la vida más agradable a nuestros hijos.

Hay que estar dispuesto a escuchar y aceptar

De la misma manera que hay que ser escrupuloso en lo que hablamos, también debemos mostrar buen talante en escuchar y aceptar observaciones que nos haga el otro.

Así como nosotros deseamos pactar aspectos que nos parecen importantes, nuestra expareja también debe tener la opción de hacerlo. Igual no tiene para ello tanto tacto como nosotros, pero, aun así, lo más indicado resulta escuchar con paciencia y responder de manera constructiva.

Podría ser que en algún momento tuviésemos que oír un comentario desafortunado, del tipo:

—¡No sé por qué tenéis que ir tan lejos de vacaciones! ¡Con la de lugares hermosos que hay por aquí cerca!

Ante esa afirmación, no queda otra que tragar saliva y responder con paciencia o morderse la lengua. A menudo cometemos el error de querer «poner al otro en su sitio», diciendo, por ejemplo, «No sé por qué te metes, eso no es de tu incumbencia», una suerte de respuesta que, por lo general, comporta que la situación se agrave. Recordémoslo: la prioridad es la paz. Si pensamos que el otro debe mantenerse al margen de alguna cuestión, siempre podemos responder amablemente: «Ya comprendo que no es fácil de entender, pero es lo que yo quiero y me compete decidirlo a mí».

Hay que trasladar al otro/a propuestas, no decisiones

No es lo mismo decir: «A partir de ahora llevaremos a los niños a la escuela de música del centro» que decir «¿Cómo verías la posibilidad de llevar a los niños a la escuela de música del centro?». Tenemos muchas más posibilidades de que el padre o la madre de la criatura tenga en cuenta nuestro criterio si le planteamos la cuestión interesándonos por su punto de vista sobre ella.

Siempre que podamos, expresemos reconocimiento

A veces, el padre o madre de la criatura hace cosas positivas que incluso podemos imitar. ¡Expresemos reconocimiento por ello! Eso ayudará a mejorar el trato de forma inmediata. Podemos hacerlo de forma muy sencilla:

—Me ha dicho Dulce que tu hermano va a hablarle siempre en francés. ¡Qué buena idea!

O de manera más «completa»:

—Toni me dice que a partir de ahora los viernes que esté contigo le harás la lista y él irá a comprar la fruta en el puesto del mercado. ¡Me pareció tan buena idea que yo voy a hacer lo mismo!

Hay que respetar escrupulosamente la vida del otro

Si el otro/a, que antes estaba tan cerca y ahora está tan lejos, tiene el mismo derecho que nosotros a educar a los hijos como le parezca conveniente, también lo tiene de organizarse la vida como mejor le parezca. Respetarlo profundamente implica no expresar juicio alguno sobre temas que no sean de nuestra incumbencia (ni delante de él ni delante de los hijos) y no dificultar la libre realización de sus proyectos vitales.

Hablar de los hijos con los abuelos

Hay abuelos y abuelas que son de gran ayuda para cuidar de los hijos, y otros con quien el trato resulta más bien escaso y puntual. La relación con unos y otros exige actitudes distintas, porque implica cuestiones diferentes.

Cuando los abuelos nos sirven (por hablar pronto y rápido) de canguros gratuitos, hay dos maneras de considerar la situación. Hay quien piensa que nos hacen un favor y, por lo tanto, cree que debemos estarles eternamente agradecidos y ponerles las cosas tan fáciles como nos sea posible, debido a que bastante hacen con hacerse cargo de nuestros hijos cuando a nosotros nos resulta imposible estar con ellos. Y hay quien opina que los abuelos tienen la suerte de poder disfrutar de los niños y que eso es bueno para ellos, de modo que, como nos ayudan tanto como nosotros a ellos al cederles el placer de estar con nuestros hijos, debemos poderles exigir algunos requisitos.

Tanto si partimos de un punto de vista como del otro, hay que estar preparados por si alguna vez queremos hablar con los abuelos de la necesidad de un cambio de conducta hacia los hijos. Lo que necesariamente debemos tener en cuenta para poder hacerlo bien (es decir, para no herir sensibilidades ni entrar en ningún conflicto) viene a continuación:

1. Pedirlo correctamente y no exigirlo.

A los abuelos no los tenemos contratados, sino que nos ayudan porque lo desean. Lo que hacen lo hacen porque piensan que es lo mejor que pueden hacer o, acaso, porque no saben hacerlo mejor. Por consiguiente, cuando queramos modificar algo habrá que plantearlo como una petición y, por tanto, deberemos justificarlo y conseguir, si es posible, que nos comprendan. Si esto resulta imposible porque su criterio es totalmente distinto al nuestro, podemos decirles:

—Entiendo que vosotros tenéis una opinión distinta sobre cómo hacer eso. Por lo tanto, ya comprendo que os resulta difícil aceptar mi propuesta. Os agradeceré que lo hagáis tal como os lo pido, porque yo soy el responsable de la educación de Sergio y para mí este criterio es muy importante.

2. Preguntar si podemos ayudar de alguna manera.

—Mamá, ¿hay alguna manera de poder ayudarte a conseguir que Luna se acueste cuando sea la hora de hacerlo cuando se quede en vuestra casa?

Ponernos a disposición de los abuelos para ayudarles a conseguir lo que nosotros les pedimos es una manera de aliviarles la carga y, a la vez, de subrayar la importancia de la demanda.

Si, a pesar de todo, los abuelos no están dispuestos a hacer las cosas tal como a nosotros nos gusta, no nos quedará más remedio que plantearnos si queremos pagar canguros para poder decidir o si nos conviene más seguir disponiendo de los abuelos aunque hagan las cosas a su manera. Resulta tan sencillo como asumir que todo tiene un precio. En el caso de que prefiramos prescindir de los servicios de nuestros padres, hace falta que pongamos mucha atención en la manera de comunicárselo, porque la buena relación con la familia no se vea afectada por esa decisión. Una buena manera de hacerlo podría ser la siguiente:

—Tenemos una inmensa suerte de poder contar con vosotros cuando os necesitamos. ¡Un lujo! Para que no tengáis que sentiros incómodos haciendo las cosas a nuestra manera, pensamos que será bueno que cuide habitualmente de los niños alguien que se adecúe mucho más a nuestros criterios y que cuando los niños estén con vosotros podáis sentiros libres de hacer con ellos lo que os parezca mejor, y de este modo todos estaremos tranquilos y contentos.

Se trata, pues, de ofrecerles nuestro reconocimiento y de presentar la situación de un modo positivo, planteando las ventajas y un horizonte mejor. No hay que entender nuestra decisión como una represalia por no haberse adaptado a las demandas.

Cuando los abuelos y los nietos tienen una relación más esporádica, en cambio, esas cuestiones no hace falta que se planteen. Los abuelos no son los responsables de educar a nuestros hijos —ellos ya hicieron lo propio con los suyos—, sino que tienen el derecho de disfrutar de ello. Por lo tanto, podemos indicarles nuestras preferencias en cuanto a ciertos asuntos, pero no hace falta que de dichos asuntos hagamos un problema. Al fin y al cabo, los niños sabrán distinguir el estilo de los padres del de los abuelos, y no debemos preocuparnos porque en ciertas cosas dichos estilos difieran o, incluso, sean radicalmente opuestos. Para ilustrarlo con un ejemplo: no pasa nada si la abuela, para que nuestra hija esté contenta, solo cocina carne con patatas fritas el día que está con ella; no pasa nada si el abuelo fuma puros en su presencia; no hay ningún problema en que ambos le dejen mirar la televisión demasiado rato o en que no permitan que la niña baje a la calle sola a jugar porque ellos lo pasan mal. Está claro que podemos «soportar» todos esos criterios, si son esporádicos, con el fin de que prevalezca la armonía. La clave para hacerlo es pensar que las actuaciones de los abuelos no marcarán las conductas de futuro de nuestros hijos (que dependen de nuestro ejemplo), y que los niños no se «desviarán» debido a ellas.

En caso de que haya algo verdaderamente importante que sí deban rectificar, ¿cómo hay que pedírselo? Debemos tener en cuenta un par de cosas:

• Se lo tiene que proponer su hijo o hija; nunca el otro miembro de la pareja.

• Tiene que justificar la importancia de la demanda y procurar que la entiendan.

Hablar de los hijos con otras personas de la familia

Los mismos criterios que hemos visto para los abuelos sirven para cuando los hijos están a cargo de tíos y tías, cuñados y cuñadas... Pero, ¿qué sucede cuando esas «otras personas de la familia» son nuestras propias nuevas parejas, del padre o de la madre? Cuando no vivimos con la nueva pareja y nos reunimos a veces con los hijos, es prioritario que el «recién llegado» cree un buen vínculo con los niños. No es necesario acordar nada sobre la educación, y el que no es el padre o la madre debe limitarse a mostrar actitudes coherentes con los valores del que sí lo es, a mostrar su afecto por la pareja y a buscar, en la medida de lo posible, alguna complicidad con los pequeños.

Cuando sí vivimos juntos, pero solo convivimos esporádicamente con los niños, entonces es preciso que el que no es el padre o la madre sea suficientemente flexible en cuestiones de convivencia. Tiene que poner límites a conductas que le acarreen una molestia —y el padre o la madre es quien los tiene que hacer respetar.

Si vivimos con los hijos de uno de los dos, no tenemos que acordar asuntos que competan a la educación, pero sí a la convivencia. Dicho de otro modo, no es necesario que la pareja esté de acuerdo en si las criaturas tienen que comer espárragos o en si deben inscribirse a un cursillo de natación, pero sí lo es que los adultos se muestren de acuerdo en lo tocante a la hora de acostarse o sobre cada cuántos días se debe ordenar la habitación.

Si se convive con los hijos de los dos miembros de la nueva pareja, se impone establecer pactos tanto en relación a la convivencia como al estilo educativo, ya que habremos de acordar qué normas regirán en casa sobre aspectos organizativos y también cómo nos relacionaremos con los hijos e hijas de los dos, puesto que deben recibir un trato similar. También habrá que decidir qué autoridad queremos que tenga cada miembro de la pareja sobre los hijos que no son los propios. La recomendación es que se informe a los niños de que los dos adultos están de acuerdo en otorgarse mutuamente la capacidad de decidir sobre cuestiones referidas al comportamiento de los hijos de cualquiera de los dos. Si uno de los padres indica que la puerta de la habitación debe permanecer abierta mientras el hijo del otro está conectado a Internet, pongamos por caso, no debe haber discusión por el hecho de que no sea su propio padre quien se lo indique.

En esta última situación, puede resultar delicada la cuestión de los conflictos entre los hijos del uno y el otro. Cuando se produzcan, bueno será que los adultos actúen como un equipo de mediación. Cuando más arriba hablábamos de conflictos entre hermanos, ya ilustramos esta manera de actuar.

Hablar de los hijos con otros padres

El tema de los hijos es recurrente en las conversaciones de los que son padres. Hay quien dice, incluso, que los hijos son el «monotema» para los padres. Entre los que tienen hijos, la charla sobre el tema suele fluir. Pero a veces se dan momentos en que se vuelve incómoda: cuando surgen conflictos entre los hijos de unos y los de otros.

¿Qué hay que hacer cuando nuestros hijos y los de nuestros amigos se pelean? ¿O bien cuando nuestro hijo tiene un conflicto de intereses con otro niño de padres desconocidos en un lugar público? Además de ver la película *Un dios salvaje*,[14] es importante tener en cuenta que los padres no nos tenemos que posicionar a favor de ninguno de los niños.

Solemos hacerlo, a veces a favor de nuestro hijo y también muchas otras a favor de los intereses de otro niño. ¿Quién no ha vivido alguna vez una situación en que su hijo discutía con otro por la posesión de algo y se ha visto «obligado» a intervenir para decirle «Déjale eso al niño que enseguida va a devolvértelo»?

---

14. Adaptación de Roman Polanski de una obra de Yasmina Reza.

A menudo obramos así porque socialmente es lo que nos parece más aceptable cuando nos sentimos bajo la mirada de otros padres. Queremos mostrar nuestra educación, y lo hacemos actuando a favor del hijo de los otros. No es una buena manera de ayudar a los niños a aprender a resolver sus propios conflictos. Por lo tanto, debemos buscar otra opción. Podemos saludar cordialmente a los padres del niño en conflicto con nuestro hijo y proponerles:

—Parece que nuestros hijos tienen un problema entre ellos. ¿Qué os parece si esperamos a ver cómo se las ingenian para resolverlo?

Si a continuación iniciamos una conversación con aquel padre o madre y logramos que centre la atención en lo que le decimos, es posible que los niños tengan tiempo para encontrar una solución. A veces si no dan con ella es porque saben que estamos pendientes de la situación y que estamos dispuestos a intervenir, y que, cuanto más suba la intensidad del conflicto, más posibilidades tienen que los padres vayamos a poner atención en el problema.

Hablando con el padre o madre del otro niño, también podemos decirle:

—Pienso que es importante que les demos la oportunidad de resolver solos el problema, si no nos piden ayuda. ¿Tú cómo lo ves?

Probablemente el otro no va a mostrarse en contra: por lo menos tenemos una propuesta fundamentada y le estamos evitando tener que intervenir en la disputa entre los niños.

Esa es una actitud que debemos intentar tener tanto si creemos que nuestro hijo lleva razón como si pensamos que el que la lleva es el otro. En definitiva, nuestro papel no es el de hacer de jueces, sino el de darles oportunidades para encontrar soluciones compartidas. Si tomamos la iniciativa de una conversación de ese tipo, la otra familia nos apoyará.

No podemos hacer lo mismo cuando se produzca una agresión

o un abuso, o cuando alguien llora. En este caso, tras haber consolado tanto como sea posible al niño agredido, alguno de los padres debe asumir el papel de «mediador» informal del conflicto. Pero, ¿quién? Una posibilidad consiste en suspirar, mirar al otro padre y decir:

—Vaya situación más desagradable... —y añadir «Eso no debería haber ocurrido nunca, lo lamento», si se da el caso que el agresor haya sido nuestro hijo—. Tengo un poco de formación en gestión de conflictos entre niños. ¿Te parece bien si trato de ayudarles a hablar acerca de lo que ha ocurrido?

Si al otro padre le parece bien, nos tocará sentarnos con los niños y actuar aproximadamente como lo haría un mediador de conflictos. Será necesario conseguir que se escuchen el uno al otro, que los dos puedan decir cómo se sienten ante lo que ha pasado, que hagamos una síntesis con la que los dos puedan sentirse cómodos, que piensen en posibles soluciones y que acuerden alguna de ellas. Finalmente, será preciso que los felicitemos por haber sido capaces de resolver el problema por medio del diálogo.

En este ejemplo de pequeña conversación mediadora entre un padre y dos niños podéis ver cómo conseguirlo:

PADRE: Juan y Roberto, bueno será que os expliquéis el uno al otro cómo veis lo que ha ocurrido y cómo pensáis que deberían haber ido las cosas. ¿Quieres empezar tú, Juan?

JUAN: ¡Él me ha cogido el balón cuando yo le había dicho que no se lo prestaba y lo ha colgado en la azotea! ¡Ahora me he quedado sin por su culpa! ¡No debería haber tocado el balón porque yo no le di permiso!

PADRE: Entendido. Así pues hubieras preferido que Roberto no jugara al balón sin tu permiso y estás preocupado porque te has quedado sin tu balón.

JUAN: ¡Pues claro! ¡Ya me está comprando uno nuevo!

PADRE: Bien, después hablaremos sobre cómo lo podéis hacer para resolver el problema. Ahora querría que explicaras cómo te has sentido a causa de lo que ha ocurrido.

JUAN: ¡Pues ya ves, muy cabreado!

PADRE: Sí, la verdad es que pareces muy indignado. Roberto, ¿cómo has visto tú la situación?

ROBERTO: Vamos a ver, yo he chutado sin permiso, vale, porque le pedía el balón y él no me lo prestaba, a pesar de que no estaba jugando con él... ¡Y no lo he colgado adrede!

PADRE: Entiendo que tú no veías qué sentido tenía que, al no jugar con él, Juan no te prestara el balón, y que por eso lo has chutado. Desgraciadamente, el balón se ha colgado en la azotea sin que fuera tu intención.

ROBERTO: Exactamente.

PADRE: ¿Cómo te sientes ante lo que ha ocurrido?

ROBERTO: Hombre, yo no quería que se perdiera su balón. Lo lamento...

PADRE: Así pues, los dos estáis de acuerdo que hubiera sido mucho mejor que las cosas hubieran ido de otro modo. ¿Qué podemos hacer ahora para arreglar la situación? ¿A quién se le ocurre algo?

(Con esta intervención ya hemos logrado pasar página de la descripción de los hechos y los reproches mutuos y podemos proceder a explorar soluciones.)

JUAN: Que me compre un balón nuevo.

ROBERTO: Yo no tengo dinero.

JUAN: Pues se lo pides a tus padres.

ROBERTO: No quiero.

PADRE: Roberto, ¿a ti se te ocurre alguna idea?

ROBERTO: ... No.

PADRE: Piensa en ella, dedícale un rato. Juan ha dicho que estaba indignado. Vamos a ver si se te ocurre algún modo de conseguir que lo esté menos...

ROBERTO: Le pido perdón.

PADRE: Juan, Roberto te pide perdón. ¿Qué te parece?

JUAN: Bueno, vale. Pero yo me he quedado sin mi balón. Y eso ¿cómo se arregla?

PADRE: Roberto, Juan está satisfecho de que le hayas pedido perdón. Aun así, querría dar con una solución al problema de haber perdido el balón.

ROBERTO: ¿Y si le traigo uno mío?

PADRE: Juan, ¿cómo verías esa propuesta?

JUAN: Me parece bien.

PADRE: Si lo acordáis así, es decir: que Roberto va a traer un balón suyo y se lo dará a Juan, ¿quedaréis los dos tranquilos respecto a lo que ha sucedido? ¿Pensaréis que se ha resuelto el problema?

(Los dos niños:) Sí.

PADRE: Entendido: habéis sido capaces de resolver una situación bastante complicada hablando y nada más que eso. Habéis conseguido un acuerdo bueno para ambos. ¡Os felicito, chicos!

Fijaos que el padre ha hecho de mediador y no ha propuesto la solución. Solo ha ayudado a que se expliquen el uno al otro la visión, los sentimientos y las necesidades, y les ha animado a buscar ideas. Es fundamental que sean los propios niños los que piensen y planteen posibles salidas.

Otra alternativa cuando nuestro hijo haga a otro niño algo que no está bien (algo como cogerle un juguete sin permiso, arrojarle arena, etc.) es ir hacia él, detenerlo y decirle que contemple al otro y piense en lo que le pasa. Así:

—Espera. Observa a Luna. ¿Qué crees que le pasa?

—Está llorando.

—¿Y a qué crees que es debido? ¿Qué llevas en la mano?

Esta actitud por nuestra parte resulta adecuada cuando los niños son más pequeños. Consiste en hacerles caer en la cuenta de que hay que tomar siempre en consideración las reacciones emocionales de los demás frente a lo que uno hace.

Los grupos de whatsapp de los padres

Proliferan las redes sociales de padres que tienen a sus hijos en grupos-clase (en la escuela o en las actividades extraescolares). Hay que ir con mucho cuidado. Por medio de ciertas herramientas tecnológicas, podemos compartir información de manera rápida y resolver dudas. Pero si no tenemos en cuenta ciertas pautas sobre cómo utilizar, por ejemplo, los grupos de whatsapp, participar en ellos puede ser causa de malestares y hasta de problemas graves en el entorno de los niños. Por este motivo hay sociólogos y pedagogos que asesoran a los padres sobre el uso adecuado de esos grupos.

Los problemas surgen por tres causas principales:

1. Las informaciones que se vierten ahí pueden ser inexactas, fruto de la interpretación de alguien no del todo fiable.

2. En todos los grupos hay personas que responden instantáneamente, sin darse tiempo para reflexionar sobre si es necesario responder o no, y, en caso de que sí lo sea, para escoger cuáles son las palabras más adecuadas.

3. Cuando los mensajes son escritos no aportan una parte importante de la información, la que nos proporciona la entonación.

Para actuar correctamente y evitar contribuir a ahondar en los problemas o a crear algunos nuevos, hay que tener en cuenta ciertas recomendaciones:

1. Cuando llegue una información que cause una mala sensación (inquietud, dudas, mal humor, indignación, fastidio...) no hay que responder hasta transcurridas doce horas y tras haber hablado con las personas implicadas (entrenadores, maestros, demás padres...).

2. Hay que delimitar bien y ceñirse al objetivo del grupo. Si se trata de un grupo escolar, tenemos que usarlo estrictamente para cuestiones de organización. No es lo mismo un grupo de padres que ejercen de padres que un grupo de amigos que comentan la actualidad.

3. No respondáis con mensajes que no aporten información útil. Evitad los símbolos emocionales sin mensaje que los acompañe.

4. No utilicéis los grupos para suplir las responsabilidades de los niños. ¡Son ellos los que deben informar sobre los deberes que tienen encomendados, no los padres! Si no están al tanto, son los hijos los que deberán asumir las responsabilidades derivadas de ello, y nosotros no debemos evitárselas. De otro modo, no estaríamos ayudándoles a convertirse en personas responsables.

También merece la pena considerar si disponemos de medios técnicos que nos proporcionen las mismas ventajas de los grupos sin ninguno de sus inconvenientes. El correo electrónico, por ejemplo, permite compartir la información rápidamente, y las respuestas suelen ser algo más meditadas.

Hablar de los hijos con sus maestros

Los maestros son nuestros principales colaboradores en la educación de los hijos. Tenemos que pensar que algunos de ellos, en los días laborables, pasan más horas con nuestros hijos que nosotros mismos. Los conocen bien y, además, disponen de una información interesante que no está a nuestro alcance: saben cómo se comportan cuando nosotros no estamos. Los ven relacionarse libremente con otros niños y adultos, formar parte de un grupo de iguales, poner en juego estrategias intelectuales y emocionales ante retos académicos, organizarse… Además su mirada tiene un punto de distancia profesional que a menudo se combina con mucho afecto hacia el alumno, y esa combinación resulta muy valiosa. Por lo tanto, tenemos que sumar a los nuestros los esfuerzos de los maestros para trabajar en el acompañamiento de los niños y las niñas.

Para hacerlo, es necesario:

• Conocer personalmente a los maestros enseguida que se inicie el curso. Presentémonos a ellos y mantengamos una primera entrevista para conocernos mutuamente. Los hijos tienen que saber que la relación es fluida.

• Mantener abiertos los canales de comunicación en los dos sentidos. Es preciso que los maestros nos tengan a su disposición siempre que deseen comunicarnos cualquier cuestión y también lo es que les informemos de todas las situaciones que puedan ayudarles a entender mejor a nuestros hijos. Si en casa, por ejemplo, hay cambios importantes (alguien padece una enfermedad grave o de larga duración, hay una separación, una muerte, un nacimiento, una mudanza, cambios en el trabajo de los padres...), debemos hacérselo saber para que puedan estar atentos a hipotéticas afectaciones en la estabilidad de los niños.

• Preguntar siempre que dudemos sobre algo, y no dar por hecho que la información que nos llega a través de los hijos es exacta. Hay que contrastarla.

• Preguntar a los maestros cómo les parece que podemos ayudar desde nuestra casa a superar las dificultades de los hijos.

Hablar de los hijos con otras personas

¡No lo hagáis, os lo van a agradecer! Bromas aparte, para quien no está a cargo de la educación de alguien, suele ser fastidioso oír a los demás hablar de sus hijos una y otra vez (¡vale la pena tenerlo presente para que no cambien de acera al vernos!).

Cabe prestar mucha atención a la exposición pública de la vida de nuestros hijos. Poner las fotos al alcance de todo el mundo en Internet resulta una apropiación de su imagen que puede condicionar sus vidas de mayores. Seamos prudentes y respetuosos con su privacidad, teniendo en cuenta que, si bien se trata de nuestros hijos, sus vidas solo les pertenecen a ellos.

FINAL

Ahora que ya disponemos de la teoría, es necesario quitar hierro al asunto: echaos unas risas cuando os equivoquéis; aceptad que haber leído *Educar sin gritar* os pondrá las cosas más fáciles, pero no os hará perfectos; pensad que, aunque en ocasiones os sintáis abrumados, los niños crecen sanos y felices cuando sienten el cariño y la confianza... y más todavía si tienen padres que se ríen.

A menudo reproducimos el modelo educativo de nuestros padres con mayor fidelidad de lo que sospechamos. A pesar de que, cuando llegan los hijos propios, a veces nos proponemos hacer las cosas —algunas cosas— de un modo distinto a como las hicieron nuestros padres al educarnos a nosotros, la verdad es que, a menudo, el propósito no va más allá y actuamos de manera muy parecida a la que experimentamos con ellos. El hecho de no haber vivido modelos alternativos es una de las causas de ello. En mi caso, sin embargo, varias circunstancias familiares desgraciadas hicieron que me influyeran a la vez y de manera persistente tres modelos educativos muy definidos y diferentes entre ellos. Esta triple influencia, organizada alrededor del gran vacío de la ausencia de mi madre (que falleció cuando yo tenía solo dos años), me permitió ser plenamente consciente de la incidencia de *inputs* muy contrastados, todos ellos vividos en el entorno doméstico, y plantearme desde una muy tierna edad la respuesta que todos esos *inputs* generaban en mí y su capacidad de ayudarme, de perjudicarme, de aliviarme o de molestarme.

Sin duda, el haber trabajado durante muchos años en el campo de la gestión alternativa de conflictos también me surtió de diferentes herramientas que, de otro modo, no hubiera dominado. Y la experiencia en el ámbito educativo, en escuelas públicas y en una escuela pequeña con un alma grande, de iniciativa privada, me ha permitido, más si cabe, aprender lo que en educación resulta valioso y necesario.

Cuando, hace poco más de veinte años, nació mi hijo y, tras él, mi hija, tuve dos maestros generosos para aprender a armonizar los conocimientos procedentes de mi experiencia de la niñez, las herramientas del campo de la mediación de conflictos y de la educación y mis emociones en tanto que madre. Gracias a ellos, que se llevaron más de un grito antes de que se completara mi formación, pude experimentar y aprender muchas de las cosas que he querido compartir con todos vosotros en estas páginas.

Hace tiempo hacía una reflexión a mi hijo de dieciocho años a propósito de algo que me parecía que había que corregir, y su hermana, algo menor, terció: «Tú, mamá, relájate —dijo ella—, que lo que no hayas hecho por nosotros hasta ahora, ya no hace falta que lo hagas». Los adolescentes se muestran impermeables a nuestra influencia educativa (aunque nuestro modelo sigue siendo valioso, pero este sería ya un tema para un nuevo libro), y, por consiguiente, debemos educar mientras «se dejan». Los niños van a ser, en breve, los ciudadanos responsables del mundo, así que educar de un modo u otro nos brinda la posibilidad de cambiar la sociedad. Es lo que dicen: a menudo nos preocupa qué mundo dejamos a nuestros hijos, pero también debería ser motivo de preocupación a qué hijos dejamos en este mundo. Es con la intención nada modesta de contribuir a hacer un mundo mejor para gente más feliz que pongo a vuestra disposición estas ideas que a mí me han servido para serlo con mis hijos y para que puedan tener conmigo y con los demás una relación de confianza y cordialidad.

Bibliografía

BECK, Ulrich, *La individuación*. Paidós: Barcelona, 2003.

DAMON, William, *Greater Expectations*. The Free Press: Nueva York, 1995.

FABER, Adele y Elaine MAZLISH, *Cómo hablar para que los niños escuchen. Y cómo escuchar para que los niños hablen*. Madrid: Harper Collins, 2015.

MARINA, José Antonio, *Las arquitecturas del deseo*. Anagrama: Barcelona, 2007.

—, *La recuperación de la autoridad*. Barcelona: Versátil, 2009.

SELIGMAN, Martin, *La auténtica felicidad*. Vergara: Barcelona, 2003.

Agradecimientos

Gracias a todas las madres —y a los pocos padres— que han asistido a las conferencias-taller de «Educar sin gritar»; a las personas que los organizan, en especial a Laura Abillar; a Ramon Riera; a Fèlix Hill, que siempre está dispuesto para hacer que las cosas puedan ser posibles... y tranquilas; a Marçal Font, el amigo que sintió y que hizo la fotografía de la cubierta de este libro; a los amigos que me han animado a escribir este conjunto de reflexiones: Alejandro Lavilla, Jordi Llavina, Rafa Llinàs, Luz Muñoz, Núria Rosell, Josep Vall; a los chicos con los que he compartido la educación de los hijos. A Guillem y Cesca, mi hijo y mi hija, que no solo han sufrido mis aprendizajes, sino que han sido los mejores maestros para cada uno de ellos. Y a Rosa Rey, mi editora, por confiar en que merece la pena compartir cómo se puede educar sin gritar.